東大式
数値化の強化書

永田耕作
Kosaku Nagata

彩図社

はじめに

皆さんは、「数値化」という言葉を聞いたことはありますか？

数値化とは、あらゆる情報やデータを数値で表現することで、処理しやすくするプロセスのことを指します。「数値化」の起源は紀元前に遡りますが、数学者の間だけでなくビジネスでも広く使われるようになったのは最近のことになります。

１９９５年、カリフォルニア大学ロサンゼルス校教授であるセオドア・M・ポーターによって「Trust in Numbers: The Pursuit of Objectivity in Science and Public Life (Princeton University Press, 1995)」が出版されました。

こちらの著書は国際科学技術社会論学会（４Ｓ）で賞を獲得し、２０１３年には日本語訳版である『数値と客観性――科学と社会における信頼の獲得』（藤垣裕子訳、みすず書房）が発売されるなど、大きな影響力を持つものとなりました。

近年では『数値化の鬼——「仕事ができる人」に共通する、たった1つの思考法』（安藤広大、ダイヤモンド社、２０２２年）が累計発行部数40万部を突破するなど、「数値化」という言葉は日本でも広く用いられるようになりました。

ビジネスマンを中心に、世の中をより良く生きるためには「数値化」が必要だ、という風潮が広まっているのです。

なぜここまで数値化が重要視されているのか。

理由は明確で、**「仕事を進める上で必要不可欠な能力」**であるからです。

「商品の売り上げがあまり良くないから、もっと頑張って来週はたくさん売り上げを伸ばせるようにする」と話している人と、「今週の商品の売り上げが５００個で月目標の ペースの50％分しか達成できていないので、来週は売り上げ前週比30％増加を目標とする」と話している人がいた場合、どちらの方が仕事をよりよく進められると思いますか？　おそらく多くの人が、後者を選ぶことでしょう。

「数値化」は、物事の「解像度」を高めてくれるのです。数値がなければふわっとしてしまうような目標や計画を、具体的に、かつ測定可能にすることができます。

このように**数値化された目標であれば、修正も容易です**。

「たくさん売り上げる」という目標を立てていた場合、途中で計画の達成度を測ることはできません。「たくさん」という言葉が主観であるため、達成していると考えるかどうかは見る人次第なのです。

しかし、「前週比30％増加」であれば、週の途中であっても「このペースで進めると20％の増加しか見込めない」というふうに計画を評価することができます。数値化は、計画を立てる時だけでなく、修正するときにも役に立つのです。

ここまで、ビジネスの例を挙げながら「数値化」することのメリットをお伝えしましたが、「数値化」が役に立つのはビジネスの場面だけではありません。日常生活においても、「数値化」は非常に重要になります。

皆さんは、どこか目的地に向かう際に、複数の移動手段があって迷った経験はありませんか？　これは多くの人にとって、非常に身近な例でしょう。

仮に電車で移動すると決めていたとしても、「この電車に乗ると早いんだけど、料金が高くなってしまう」「この電車ならちょっと時間はかかるけど、乗り換えしなくても良い」など、どの選択肢にもメリット、デメリットの両方があるため判断が難しい場合が多いです。

それぞれの移動手段において、かかる時間と料金を「早い」「高い」といった曖昧な比較ではなく、「○分かかる」「○円高い」「10分あたり○円になる」と数値化して考えることで、選択の基準が明確になります。**普段何気なく決めていたことが、数値化によってもっと合理的に決定できるようになる**のです。

筆者は、小さい頃から数字の計算が大好きで、常に「数」を意識して生活していました。小学校の階段の数や、近所のお店で行われるセールの割引率などが自然と目に飛び込んでくる子どもでした。数に触れる機会が多かったのもあって算数・数学の能力が向上し、高校生の頃には数学オリンピックの本選に出場するほど数学が得意になりました。

そんな筆者が強く感じるのは、**世の中は想像以上に数字に溢れている**ということです。時間や料金、物の個数などの数字はもちろんのこと、数字として表には現れていないものも、分解すれば数値化ができることがあります。

本書は、ビジネスでも日常生活でも役に立つ**「数値化力《すうちかりょく》」**を鍛えるためにさまざまなシチュエーションを考えながら、段階的に身につけていく内容となっています。

そもそも数値化とはどのようなものなのか、どうやって行うのかという数値化の「いろは」から、「数値化を駆使すればこのような問題まで解決できる」というような発展形まで、幅広い問題や具体例を用意しました。

この本を読んで、ぜひ「数値化」の魅力を存分に感じてください！

東大式　数値化の強化書

もくじ

第3章 数値化で物事の計画を立てる

第4章 人間の心理に反する数値

第5章 計算で測れない人間の心理

第1章

数値化とは何か?

数値化とは何か

数値化とは何か。シンプルに言えば、「物事を数値で表すこと」に他なりません。

しかし現在では、「数値化」という言葉は単に数値で表すことにとどまらず、**「数値で表すことでデータを適切に評価・判断すること」**を示すものとなっています。

では、なぜ「数値化」は重要なのでしょうか？　言葉だけが一人歩きしているように感じられる「数値化」は、そもそも一体どのようなものなのでしょうか？

ここからは、具体的な例を挙げながら「数値化」することのメリットを紹介していきます。


あなたが会社の中で、1つの部署の部長として仕事をしていると仮定しましょう。

その部署の部下から、今年の部署の期末までの達成目標と、そのための施策案が提示されました。確認すると以下のように書かれていました。

目標：全員でひたむきに努力し、売り上げの大幅な増加を目指す
施策①：1日でできるだけ多くの取引先を回る
施策②：プレゼン資料を、前よりも速いスピードで作れるようにする

これを見て、部長であるあなたはどう思いますか？

「立派な目標ではあるけど、具体的にどのくらいの売り上げ増加を目標にしているのか？」

「〝できるだけ多く〟の取引先とは、1日で何社くらい回ることを想定しているのだろう？」

と、資料の曖昧さを懸念する人が多いのではないでしょうか。この施策案のままでは、恐らく部署のメンバー全員が目標を共有して仕事を進めていくことは難しいでしょう。

では、こちらではどうでしょうか？

目標：今期末の売り上げを**前年度比で50％増加**させる
施策①：外回りの営業において、**1日間で取引先5社**を回ることをノルマとする
施策②：プレゼン資料の作成はスライド**1枚あたり30分以内**で行う

前ページの施策案と、内容に大きな変化はありません。しかし、こちらの方が具体的に何をするかが明確ではありませんか？

この2つの違いは、目標やそのための施策が「数値化」されているかどうかです。「売り上げを大幅に上げろ」と言われても、その目標に向けてすぐに走り出すことは困難です。なぜなら、**目標の大きさや達成の難しさ、現在地からの距離によって、適切な方法論は変わってくる**からです。

後者のように「50％増加」「取引先5社」「1枚あたり30分以内でのスライド作成」と「数値」が伴った施策であれば、やるべきことは明確になります。

もう一点、「数値化」することのメリットがあります。それは、**目標や施策を「修**

正」しやすいことです。

例えば、1ヶ月で100社のアポイントメントを取るという営業部の数値目標を基に、出勤日20日間で割り算した1日あたり5社の外回りをノルマに掲げていたとします。

しかし、その月の前半は急遽出てきた他の仕事に追われたり、体調を崩してしまったりして、前半の10日間で30社しか回れていなかったとします。

この場合、「数値化」の考え方が身についていれば、「残り70社を10日間で回らなければいけないから、1日5社のノルマを7社に増やそう」といった施策の修正が容易にできるのです。

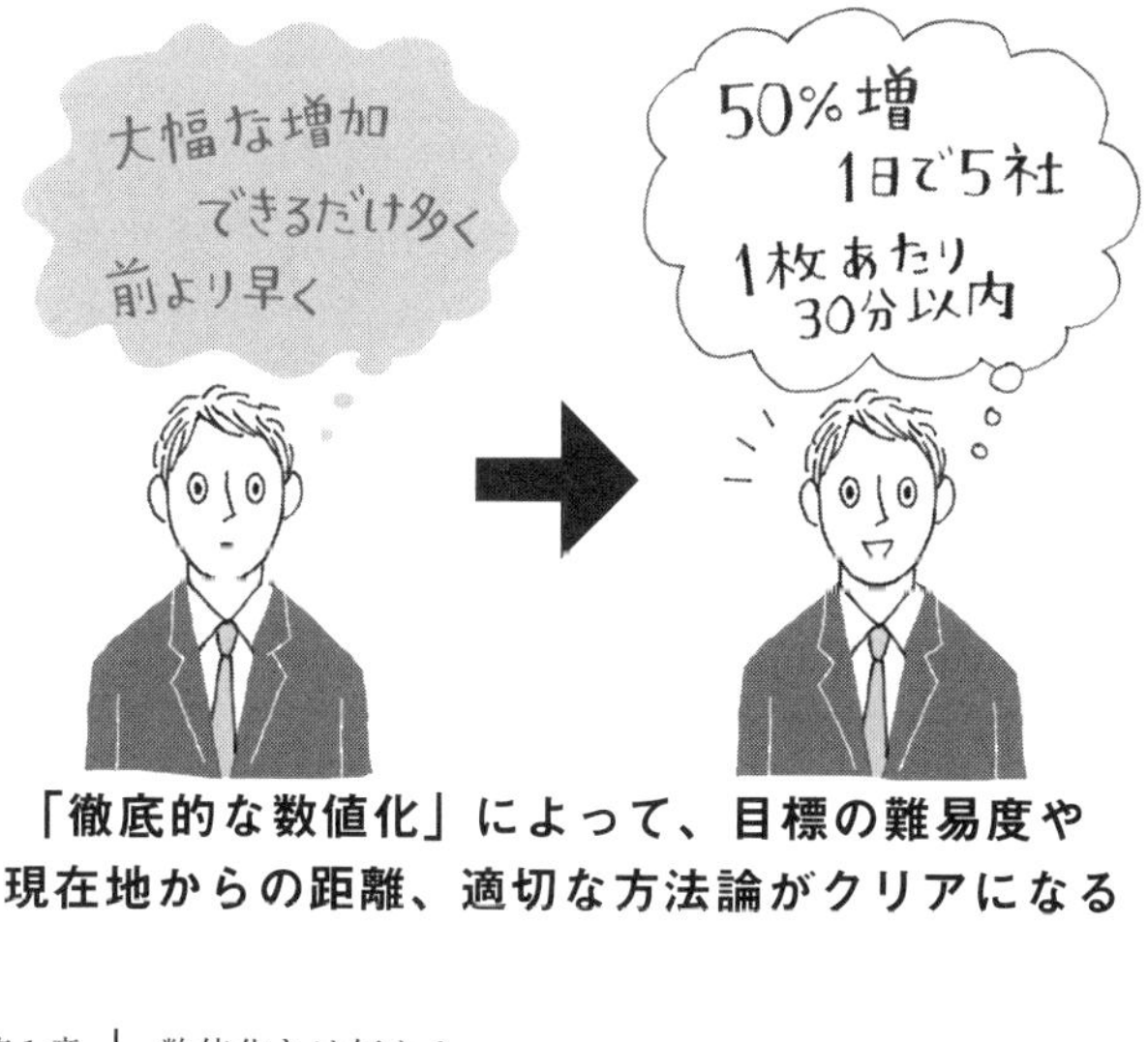

「徹底的な数値化」によって、目標の難易度や現在地からの距離、適切な方法論がクリアになる

さらに言えば、「月曜日から金曜日までの中で、月曜〜水曜は午後からしか外回りができないから、1日5社に据え置いて、木曜、金曜は朝一から回って1日10社回れるようにしよう」と実現可能な施策を考えることができます。

計画というものは、多くの場合完璧には遂行できません。

理由はシンプルで、計画を立てる段階では予期しないことが、実際に計画を進めていく段階で頻繁に生じるからです。

だからこそ、その計画を修正する力が非常に重要になります。この「修正」において大事なのが、「数値化」された計画を立てることなのです。

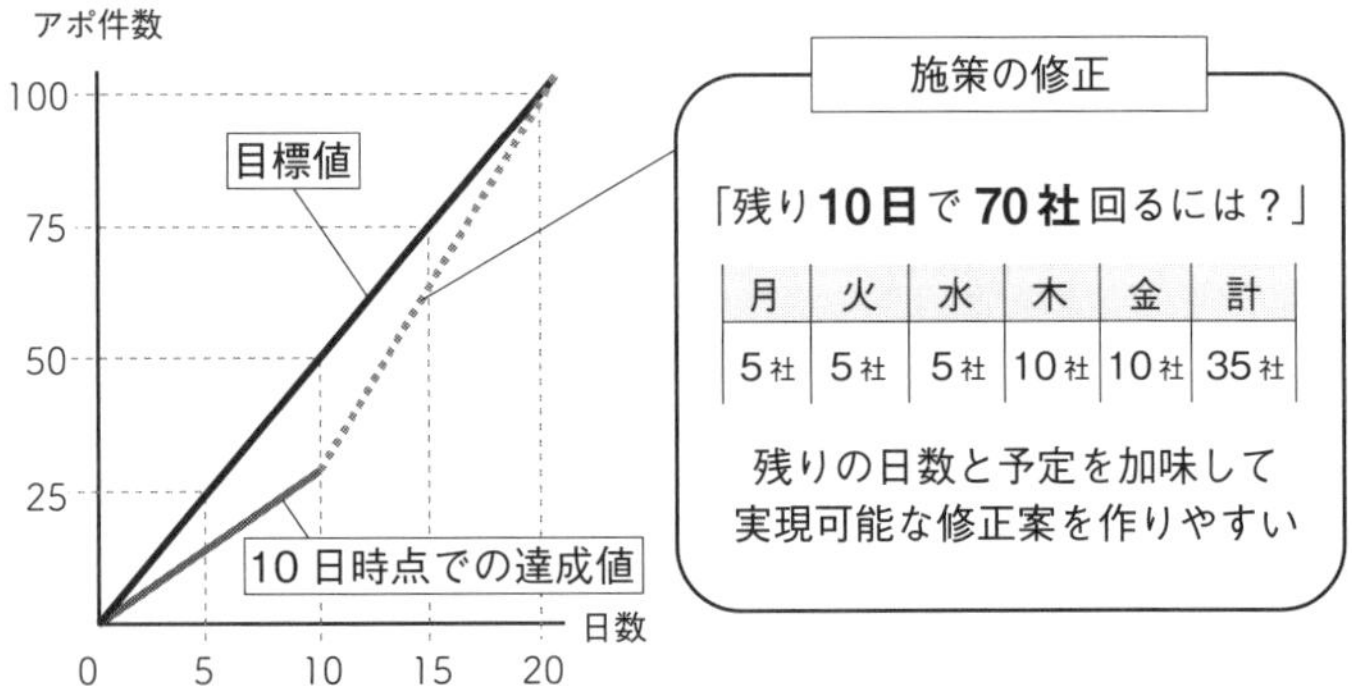

目標と施策が数値化されていると、修正も容易になる

ここまで、ビジネスの例を挙げながら「数値化」することのメリットをお伝えしましたが、「数値化」が役に立つのはビジネスの場面だけではありません。日常生活においても、「数値化」は非常に重要になります。

ここで1つ、ここまでの話を踏まえて問題です。

簡単な問題ですので、少し考えてみてください。

Question

あなたは今、自分の現在地からとある目的地へ移動しようとしています。

目的地まで移動するのにタクシーを使った場合、

所要時間は15分で、料金は2000円かかります。

一方、電車を使った場合は所要時間が30分ですが、料金は500円で済みます。

この場合、あなたはタクシーと電車のどちらを使いますか?

Answer

「自分の価値が時給6000円以上であると思えればタクシーを、そう思えなければ電車移動を選択するべき」

この問題に対して、「こんなのその時々による」「好みによるんじゃないか」と思う人もいるかもしれません。実際に日常生活でこの選択を行う場面が訪れた際も、感覚で選んでいるという人も多いでしょう。

しかし、ここでも「数値化」を行うと、自分にとってより合理的な選択ができるようになるのです。

タクシーの方が15分時間を短縮することができますが、電車移動よりも1500円料金が上がります。つまり、「電車移動ではなくタクシーを選択する」ということは、**「1500円で15分の時間を買う選択をする」**ということと同義になるのです。

そのため、単純計算で考えれば、ここで浮いた15分という時間を用いて1500円以上の価値を算出できれば、タクシーを選択した方が良いということになります。15

分1500円は、時給換算をすれば時給6000円ですね。

よって、ここまでの条件下で考えれば、**「自分の価値が時給6000円以上であると思えればタクシーを選択するべきで、そう思えなければ電車移動を選択するべき」**ということになります。

「タクシーは高い」「電車は安い」という感覚でのみ考えると、その場面において、より適切な判断を下しにくくなってしまいます。


もちろん、これは非常に極端な議論です。

「移動時間で何かできることはあるか」

「電車の駅までの徒歩移動にかかる時間はどのくらいか」

「電車の乗り換えの手間はどのくらいか」

という他の要因も関わってくることがあります。その場合は、考えられる要因を全て「数値化」することで、より正確な判断ができるようになるでしょう。

数値化は、事象を正確に把握するための武器になります。また、ぼんやりとしか見えていなかった事象や物事が、具体的になります。

目標を数値化し具体化することで、第一にやるべき行動が明確になります。「ダイエットをするぞ！」とただ意気込むだけではなく、「2ヶ月で3キロ痩せるんだ」と具体的な数値を出すことで、目標の進捗確認や修正が簡単にできるようになります。その目標を立てて最初の1ヶ月で1キロしか体重が減っていない場合、ペースを上げるか、目標を修正する必要がありますよね。さらに、「2ヶ月で腹囲を3センチ細くする」という目標であれば、最適な手段は違ってくるでしょう。こういった判断は、「数値化」していなければできなかったことです。

数値化は公平な評価にも役立ちます。曖昧な基準で評価されるよりも、「○点だからAランク」「○点以下はBランク」と数値による区切りがあった方が納得する人が多いでしょう。

このように、数値化は自分の行動にも、周りへの行動にも活かすことができる優れものなのです。

数値化の4つのメリット

ここでは、「どういうときに数値化が役に立つのか」というメリットについて、一つ一つ解説していきます。詳しい具体例や問題は第2章以降の各章で説明するので、ここでは概要だけお話ししようと思います。

数値化の4つのメリット

1：条件の付与によって変動する数値に強くなる
2：物事の計画・目標を設定する力がつく
3：人間の直感・心理に反する数値に騙《だま》されにくくなる
4：計算で測れない人間の心理を把握しやすくなる

①条件の付与によって変動する数値に強くなる

あえて難しく書きましたが、シンプルに言えば〝日常生活での数値化〟が簡単にできるようになるということです。

「変動する数値」とはどのようなものでしょうか？

例えば、自分の家から最寄り駅までかかる時間は人によって違うでしょう。しかし、それを「変動する数値」と言っているわけではありません。

この問いの答えは、**「天候や気温、地面の状態、さらに言うとその日の気分によっても変わるもの」**です。

例えば、晴れていて歩きやすい日であれば徒歩5分で着く場所でも、雨や雪が降って地面の状態が悪ければ8分かかってしまうなんてことがあります。「疲れているから今日はゆっくり歩きたい」という日もあるかもしれません。**「徒歩5分」が常に「5分」とは限らない**のです。

目的地までの移動手段を決める上で重要になるのは「徒歩何分なのか」ではなく、「目的地までどのくらい時間がかかるか」であるため、このような不確定要素まで視野に入れる必要があります。

第2章では、このような変動する数値を含む日常での選択について紹介していきます。スーパーでの買い物、サービスを利用するか否かなど、**さまざまな場面での選択を扱いながら、数値化の基礎的な力を鍛えていきます。**

②物事の計画・目標を設定する力がつく

「数値化が最も活きる場面と言えばこれ！」と言っても過言ではないくらい重要な単元となります。

筆者は学生時代ずっと野球部に所属しており、毎年夏に大きなトーナメントに出場していました。夏の大会に向けて毎日のように練習をしたり、練習試合で自分たちの今の能力を確かめたりしながら本番への準備を進めていました。

これは部活だけではなく、もちろん受験も、そして資格試験の勉強や習い事の発表会なども同じでしょう。何かの「本番」が控えている人は、それに向けてみんな準備をするのです。

「数値化」は、この「本番への準備」に絶大な効果を発揮します。目標を設定して、その目標に向けての計画を立てる上で「数値化」は必要不可欠なのです。

第3章では、このような具体的な例をいくつか挙げて目標や計画を実際に設定しながら、計画立てに活かされる数値化について紹介していきます。もちろん部活だけでなく、さまざまなジャンルの「本番」を扱います。

③人間の直感・心理に反する数値に騙されにくくなる

皆さんは、「同じ誕生日の人が同じクラスにいる確率」はどのくらいだと思いますか？「365分の1なのだから珍しいことで、同じクラスにいたらびっくりする」と考える人が多いのではないかと思います。

しかし実は、**「1つのクラスの中に誕生日が同じペアが存在する」ことは全くもって珍しいことではない**のです。30人クラスであれば約7割の確率で存在するため、むしろ「誕生日が同じペアが存在する」ことの方が自然なのです。

これは、多くの人の直感に反する確率でしょう。相手が自分と同じ誕生日である確率は単純計算で$\frac{1}{365}$、クラスに30人いても大きな確率にはならない、と思いがちです。しかし実際は、「自分と誰か」でなくとも「誰かと誰か」が同じ誕生日であれば良いため、この計算結果から大きく変わってくるのです。

相手に与える印象は、数値の見せ方一つで簡単に操作できます。直感とは異なる数値も、数値化を徹底することで正しく捉えられるようになるということです。

第4章では、ガチャの確率、スーパーの割引率、天気予報など、さまざまな**「直感・心理とは異なる数値」**を扱います。この章を読めば、数値に騙されなくなることでしょう。

④計算で測れない人間の心理を把握しやすくなる

数字と人間の心理というのは面白いもので、いくら数字や計算では合理的な結果が示されていようと、人間はそれでも非合理的な決断をしてしまうことがあります。

例えばこんな広告を見たとします。

「定価20万円のA社の最新型の冷蔵庫が、今ならなんと80％引きで4万円！」

いかがでしょうか。

「80％引きなんてとてもお得だ！」「16万円も値下げされている」という印象を持った人が多いのではないでしょうか。実際にこの広告は商品のお得さを強調するものであり、宣伝効果は非常に大きいでしょう。

しかし、この「定価」はあくまでその会社が決めた値段に過ぎず、値下げ幅を強調するために〝あえて〟高く設定された値段かもしれないのです。

どうしても人間は、「どれだけお得になったか」「何割割引きされているか」に注目してしまうのです。

このような現象を**「アンカリング効果」**と言います。**最初に与えられた数値を基準（アンカー）とすることで、他の数値や情報に対する判断が左右されてしまう**のです。

身近なところで言えば、待ち合わせの時刻に「30分遅れる」と連絡があったときに15分遅れで到着すると、遅れたはずなのに「意外と早く来てくれたな」というプラスの印象を与えられることがあると思います。これもアンカリング効果の一つです。

第5章では、このような**一見すると非合理的な人間の心理・行動と数値の関係**について扱います。多くの経済学者がこのような人間の行動に興味を持ち深く研究を行ったため、この学問は**「行動経済学」**と呼ばれており、近年とても注目度が上がってきています。

このような日常の例とリンクした行動経済学をいくつか提示しながら、その行動の本質を数値化によって紐解いていきます。

さて、ここまで説明したらいよいよ本題！　と行きたいところなのですが、一点だけあらかじめ伝えなければならないことがあるので説明します。

それは、**「数値化の落とし穴」**についてです。

数値化の注意点

まず、数値化には2つの種類があることを、改めてここで説明します。

1つは、算数・数学で習う数字の計算のような、**数値化を行えば明らかにどちらの選択が正しいかを判断できるもの**です。この数値化は、学生時代に数学が得意だったり、計算が速かったりする人にとっては容易なことでしょう。

もう1つは、**数値化をした上で、どちらの選択が合理的かを「新しい条件を加えて」判断する必要があるもの**です。こちらは単純に計算を行うだけではないため、一筋縄ではいきません。

ここで難しいのが、**前者にみえて実は後者の数値化を行う必要がある、というパターンが非常に多い**ことなのです。

1つ質問をします。

宅配ピザを注文するときに、直径15㎝で1000円のMサイズのピザと、直径30㎝で3000円のLサイズのピザは、どちらがお得だと判断できますか？

少し引っかかりやすいところなのですが、直径が2倍になると円の面積は4倍になるため、Lサイズのピザの量はMサイズ4枚分になります。

値段は3000円とMサイズの3枚分になっていることから、Lサイズのピザの方が同じ値段で多くの量のピザを食べることができます。

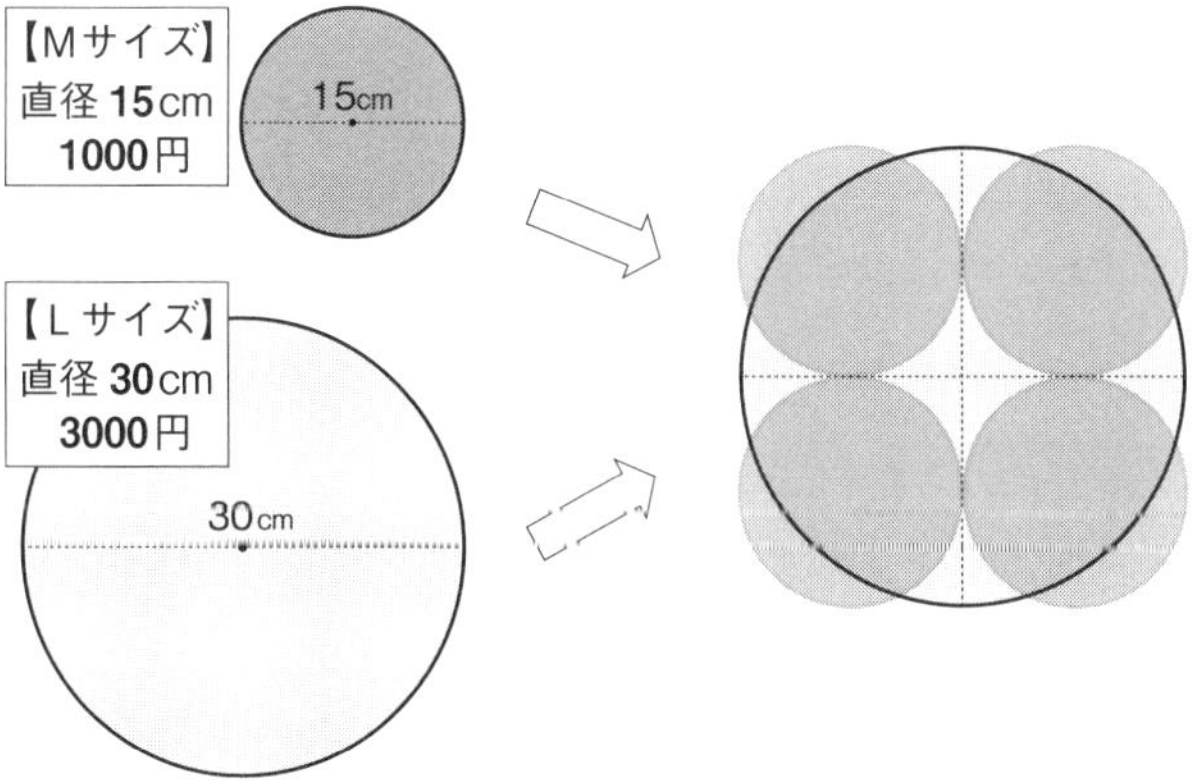

直径は２倍でも、面積は４倍になる

しかしここで注意しなければならないのは、「どのような場面、状況においてもLサイズの方がお得だ」と言い切ることはできないということです。

例えば、ピザは「何人で食べる」のでしょうか？　1人暮らしの場合、直径30㎝のピザを食べることは非常に困難である可能性が高いです。

また、「何種類の料理」が食卓に並ぶのでしょうか？　家族で食べる場合でも、ピザ以外の食べ物も用意されているケースではLサイズのピザは必要ないかもしれません。同じ３０００円を使ってMサイズのピザを3種類買った方が、好き嫌いの多い子どもたちも満足してピザを分けられる、という場合もあるでしょう。

数値化において肝になるのは、このような「見落とされる数値」を考えることです。

算数の文章題と違って、現実の問題において全ての数値がはっきりと示されていることはほとんどありません。

ここまで視野を広げて物事を考えられると、より正確かつ明確な数値化を行うことができるようになります。そして、複雑な条件も細かく数値化することで、より合理的な判断を行えるようになるのです。

数値化に必要な要素は、基本的には2種類の数値です。例えば、先に挙げたタクシーと電車の例であれば、「所要時間」と「料金」の2種類の数値が登場し、その差をとって比べることで数値化を行います。

ここに、「浮いた時間で何ができるか」という**3つ目の判断基準を加えることで、選択の合理性を高める**のです。

この3つ目の判断基準は、問題の種類によって、そして状況によって変わってきます。だからこそ、数値化力を鍛え、常に思考して選択を行うことが重要なのです。

前置きが長くなってしまいましたが、ここまでで「数値化」がどのようなものか、そしてどのように役に立つのか、わかっていただけたと思います。

あとは実際にいろんな場面を想定して、数値化を実践するのみです。ぜひ一緒に、数値化マスターになりましょう!

第2章

日常の選択を数値化で考える

イントロダクション

普段の生活の中には、「数字」が溢れています。「駅まで徒歩5分」「お一人様1個限り100円」「3点まとめて購入で20%オフ」……ふと周りを見渡してみれば、数字が強調された文章や広告が並んでいます。

そんな数字だらけの世の中で、「数値化」を行う能力はとても重要です。**数値化は日常生活での意思決定や自己管理に大きく役立つ**のです。

例えば皆さんが健康に気を使って食事を制限したり、ダイエットをしたりする場合、「数値化」は非常に重要になります。

痩せるためには、「摂取カロリー」を「消費カロリー」が上回らなければなりません。食べたものの栄養価や総カロリーを数値化すると当時に、日々の歩数や運動量を数値化することで、活動レベルを定量的に把握し、食事と運動の目標を設定することができます。

数値化が役に立つのは、もちろん健康増進だけではなく、日々の家計管理においてもです。お金を扱う上で、数値化は特に大事になります。月間や年間の予算を決めるのはもちろんのこと、貯蓄をしたり投資をしたりするのにも数値化は欠かせません。

筆者は常に、この「数値化」を意識しています。ありとあらゆるところで数字を探しています。

先日、筆者はYouTube Premiumに登録しました。月額制のサブスクリプションで、登録するとYouTube上の動画を広告なしで再生できたり、バックグラウンド再生できたりする便利な機能を使えるようになります。その際にも「数値化」を用いた判断を行いました。

YouTube Premiumは2024年3月現在、月額1280円なのですが、**この出費に対して自分が受けられる効用が見合っているかを数値化によって考える**のです。

さて、皆さんなら「自分がYouTube Premiumに登録するかどうか」の判断基準をどこに設けますか？　すでに登録済みの方は、どのように判断して登録を決断しましたか？　30秒だけ考えてみてください。

筆者は、加入するかどうかを判断するために、次の3つのステップで考えました。

STEP1　1日あたりどのくらいYouTubeを再生しているのかを知る
STEP2　STEP1の情報から、1日あたりに広告がどのくらいの時間再生されているかを計算する
STEP3　STEP1、2を踏まえ、広告なしの再生、バックグラウンド再生それぞれで得られる効用を測り、サブスクリプションの月額料金と比較して判断する

筆者の場合、平均すると1日2時間YouTubeを再生しています。10分あたりの動画の平均広告時間は30秒というデータがあるため、計算すると1日に6分間広告を再生しているという計算になります。

月額1280円を1ヶ月30日にならして日割計算をすると1日あたり約42円となるため、1分間の広告を約7円で消すことができる計算になるのです。単純計算で言えば、7円で1分の時間を購入する、つまり60倍して、**1時間を420円で購入するということになります**。

今の日本の最低賃金が850〜1100円程度であることを考えれば、これはとても安い値段です。さらに、動画をバックグラウンド再生できるというメリットもあるため、YouTube Premium に登録することは自分にとって非常に合理的な判断である、と思って登録することを決定しました。

こんなに細かく数値を出すのか、と思った方もいるかもしれませんが、このような「数値化」による判断を、筆者はあらゆる場面で常に行っています。これは筆者が天才的な計算力を持って生まれたということではなく、昔から日常的に数字を意識してきたために身についた技術だと考えています。

ですから、**誰でもこの考え方は身につけられるものなのです**。

数値化は、「この2択は、どちらが自分にとって良いんだろう?」「合理的な選択をするためにはどうすれば良いんだろう?」と迷った際に、いつでも役に立つ優れものです。考え方は一見難しいようにみえますが、本質的には簡単な計算ばかりのシンプルなものが多いです。

数値化に徐々に慣れていくためにも、まずは第1章でも説明した日常の例から「数値化力」を鍛えていきましょう。

01

タクシーと電車、どっちを使う？

ポイント：見えない数字を探して仮定する

少し離れた場所にお出かけするとき、自家用車を持っていない方であれば、交通手段として選択肢にあがるのは、「電車に乗る」か「タクシーを使う」かどちらかになりますよね。

第1章でも同じテーマを扱って、そこでは所要時間と料金の差を比較することで「自分の価値が時給6000円以上であると思えればタクシーを選択するべきだし、そう思えなければ電車移動を選択するべき」と1つの答えを出しました。

しかし、これはあくまでも「計算上の」答えにすぎません。いうなれば算数の文章題と同じです。ここからは、より現実の事象に寄せて、一歩踏み込んだ設定で考えてみたいと思います。

Question

【タクシー】
乗車時間　15分（目の前に到着）
料金　２０００円
【電車】
現在地から出発駅までの徒歩　10分
電車乗車時間　15分
到着駅から目的地までの徒歩　５分
料金　５００円

現在地付近は激しい雨が降っている。

出発駅までは上り坂になっており、地面も濡れている。また、雨の影響で電車が遅れているかもしれない。この場合、あなたはタクシーと電車どっちを使いますか？

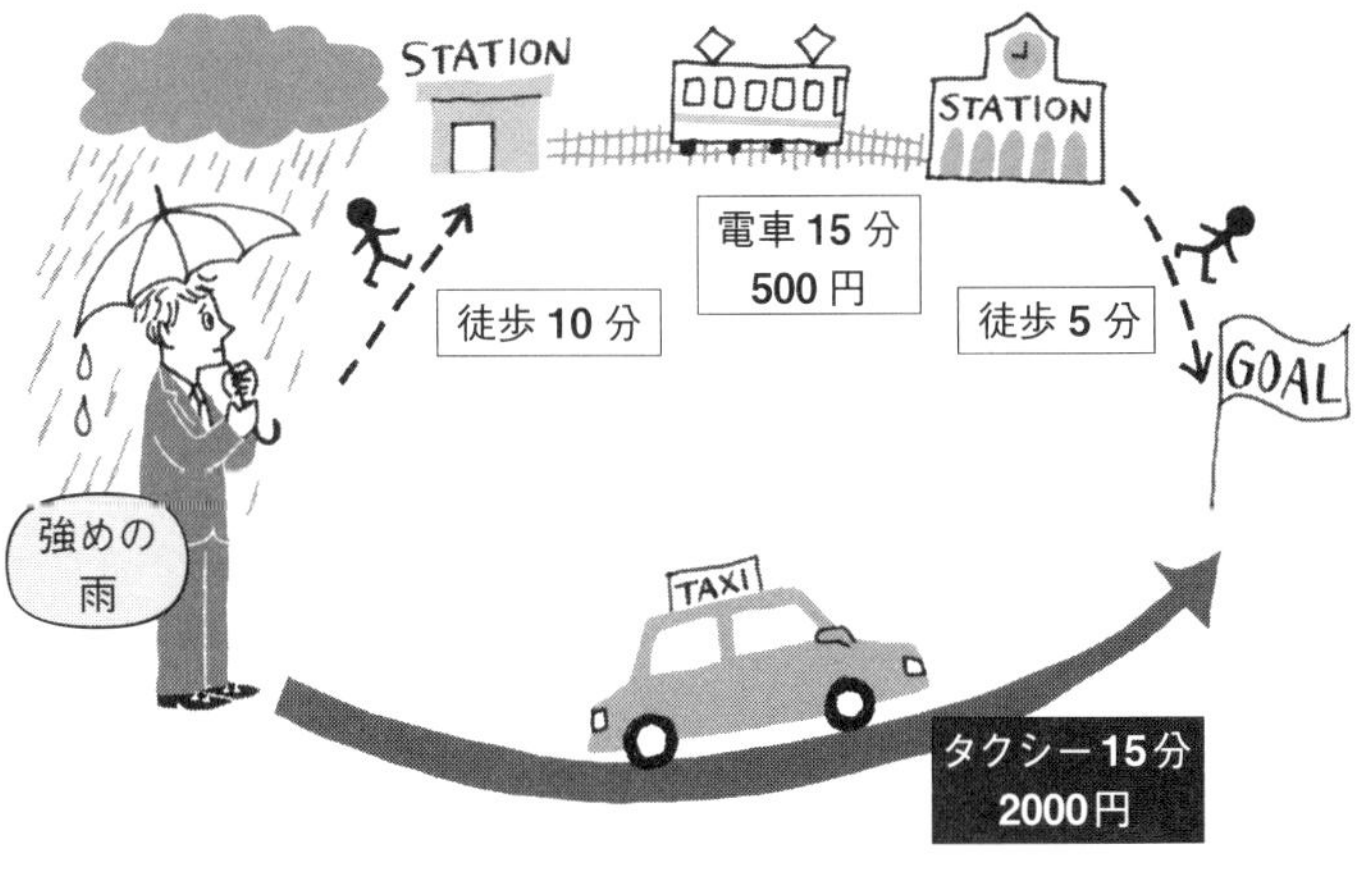

解説

この場合、第1章で出した問題から追加された条件がいくつかあるため、時間と料金の比較だけでは合理的な選択ができないことが考えられます。

最初に**問題文から読み取れる「数値」を探してみましょう**。

例えば、あなたが雨の日に外を歩き慣れていないなら、「雨で濡れている上り坂を、傘を差しながら滑らないように歩くこと」は、晴れて歩きやすい日よりも時間がかかることが想定されます。通常よりも**「1・5倍」の時間がかかると仮定**します。

また、時間だけでなく体力消費も通常より増えるでしょう。全体力のうちの「5％」の体力消費を余計にしてしまったと仮定します。

駅までの移動に時間がかかってしまうと、本来乗るはずだった電車を逃してしまい、駅のホームで「5分間、余計に電車を待つ時間」が発生することも考えられます。

まとめると、追加された条件を加味して想定される所要時間は、「現在地から出発駅までの徒歩移動15分、電車を待つ時間5分、電車に乗っている時間15分、到着駅から目的地までの徒歩移動5分」の合計40分となります。

これにより電車とタクシー、それぞれにかかる時間と費用をまとめ直してみると、

タクシー：タクシー乗車時間15分
料金2000円

電車移動：目的地までの時間40分
料金500円

よって、電車移動ではなくタクシー移動を選択した場合、料金が1500円多くかかりますが、**「25分の時間短縮」と「5%の体力」が得られる点がメリット**ということになります。

「雨の日の電車移動」で考えられる仮定

駅までの移動で通常より
1.5倍の時間と**5%**の体力消費

電車に乗り遅れ駅のホームで
5分間余計に待つ時間

タクシーを選択すれば、この2点は解消できる

ここで仮に、自分の時給を3000円、10%の体力消費が1000円分の損失だと考えると、タクシーを選択することで1750円分の損失を抑えることができる計算になるのです。タクシーを選択することによって生じる追加の出費は1500円であるため、**抑えられる損失額の方が大きい**ことが分かります。

よって、この仮定においてという限定的なものではありますが、タクシー移動と電車移動の2択に関してはタクシー移動を選択することが合理的であると判断できます。

もちろん、この数値にデータがあるわけではありません。特に「1・5倍の時間」「5%の体力消費」という仮定は人によって違う値にな

タクシーを選択した際の得失

仮定：自分の時給を3000円、10%の体力消費が1000円分の損失とする

●25分の時間短縮で得をする金額

$$3000\text{円} \times \frac{25}{60}(\text{時間}) = 1250(\text{円})$$

●5%の体力温存で得をする金額

$$1000\text{円} \times \frac{5}{10} = 500(\text{円})$$

合計 1750円

●タクシーを選択することで追加となる出費 1500円

りうるため、「こんなの数値の設定次第じゃないか」と思う人もいるかもしれません。

しかし、**数値化の醍醐味**はむしろそこにあるのです。

中学校や高校で学習する「数学」の問題とは違って、「数値化」を考えるときには絶対的な「正解」は存在しません。だからこそ、**自分にとってどの要素が重要なのかを考えて、自分なりの「数値化」を行う必要がある**のです。最初に設定した数値が実際の事例に当てはまらなければ、**数値を修正して計算することでより「正解」に近づく**ことができます。

今回は「タクシー移動の方が合理的だ」という判断をしましたが、それはあくまで一例で、条件や人によってその結果は変わります。タクシーを呼び慣れていない場合だったら？　目的地へ行く前に立ち寄りたい場所があったら？　大事なことは、自分の基準を常にはっきりとしたものにしておくことです。それがブレていなければ、その基準は人によって大きく違って然るべきものだと筆者は考えます。

POINT

自分なりの基準を設定し、数値化できる要素を探す

Column　タクシーの「迎車料金」

特にタクシーを普段あまり使わない人にとってはあまり実感の湧かない話かもしれませんが、タクシーの料金体系は非常に複雑です。今回の問題例では、タクシーに乗車して移動するのにかかる料金のみで計算をしていましたが、実際はそれに加えて「迎車料金」「予約料金」「待機料金」などさまざまな追加料金が発生する場合があるのです。

迎車料金はタクシーを呼ぶ際にかかる追加料金で、電話やアプリを使っても発生します。最近はアプリでタクシーを呼ぶ人が増えたため、「配車料金」とも呼ばれるようになりました。常に走行しながらお客様を拾いにいく流しのタクシーが多い都会では「迎車料金」をつけるのは当たり前の文化ですが、地方ではタクシーを呼ぶのがデフォルトのため、「迎車料金」が安かったり、無料だったりする場所もあります。

さらに、タクシーを待機させると待機料金がかかることもあります。

最後は稀なケースですが、あらかじめ時間を指定してタクシーを配車する場合、予約料金が発生することもあります。これも地域によって異なり、また時間ごとに予約料金を設定している場所も多いようです。朝や夕方のピーク時間帯にタクシーに乗ろうとするには、追加で予約料金が必要な場合があるようです。

02

高速道路と下道、どっちを使う?

ポイント:提示された数字を徹底的に分解する

続いても移動に関する問題です。

車での長距離移動をする場合、「高速道路を使う」か「下道で向かう」か一度は考えたことがあるでしょう。高速道路を使えば時間を短縮できますが、道路を通行するための料金がかかってしまいます。一方、下道で行けば時間はかかってしまいますが、通行料金はかかりません。

ほかにも考えるべき点はさまざまあります。車の燃費はどうか? 何人が同乗して出かけるのか? 運転手は高速の運転に慣れているのか? このような複雑な条件を全て数値化して、「高速道路と下道のどちらが良いのか」を考えてみましょう。

Question

家族４人で自分の家からとある目的地Ｘまでお出かけをします。目的地Ｘをカーナビに入力すると、１つは高速道路を使ったルート、そしてもう１つは下道のみで目的地へ向かうルートの２つが出てきました。

ルート①（時間優先）距離１５０ｋｍ　時間２時間　通行料金３０００円
ルート②（一般道優先）距離１４０ｋｍ　時間３時間30分　通行料金０円
（補足：一般道の方が距離が短くなっているのは、高速道路は道路工事の都合上最短ルートを通っていないことがあるため、それを反映させています）

この場合、あなたはどちらのルートを選びますか？
ただし、条件は以下の通りとします。
・車の燃費は、高速道路を走っている場合は15ｋｍ／Ｌ、下道を走っている場合は10ｋｍ／Ｌとし、ガソリンの価格は１５０円／Ｌとする
・車を連続で運転できるのは２時間まで

・それ以上になった場合は2時間ごとに途中で30分の休憩を入れる
・あなたは日常的に下道を運転することが多く、高速道路を速いスピードで運転することにはあまり慣れていない

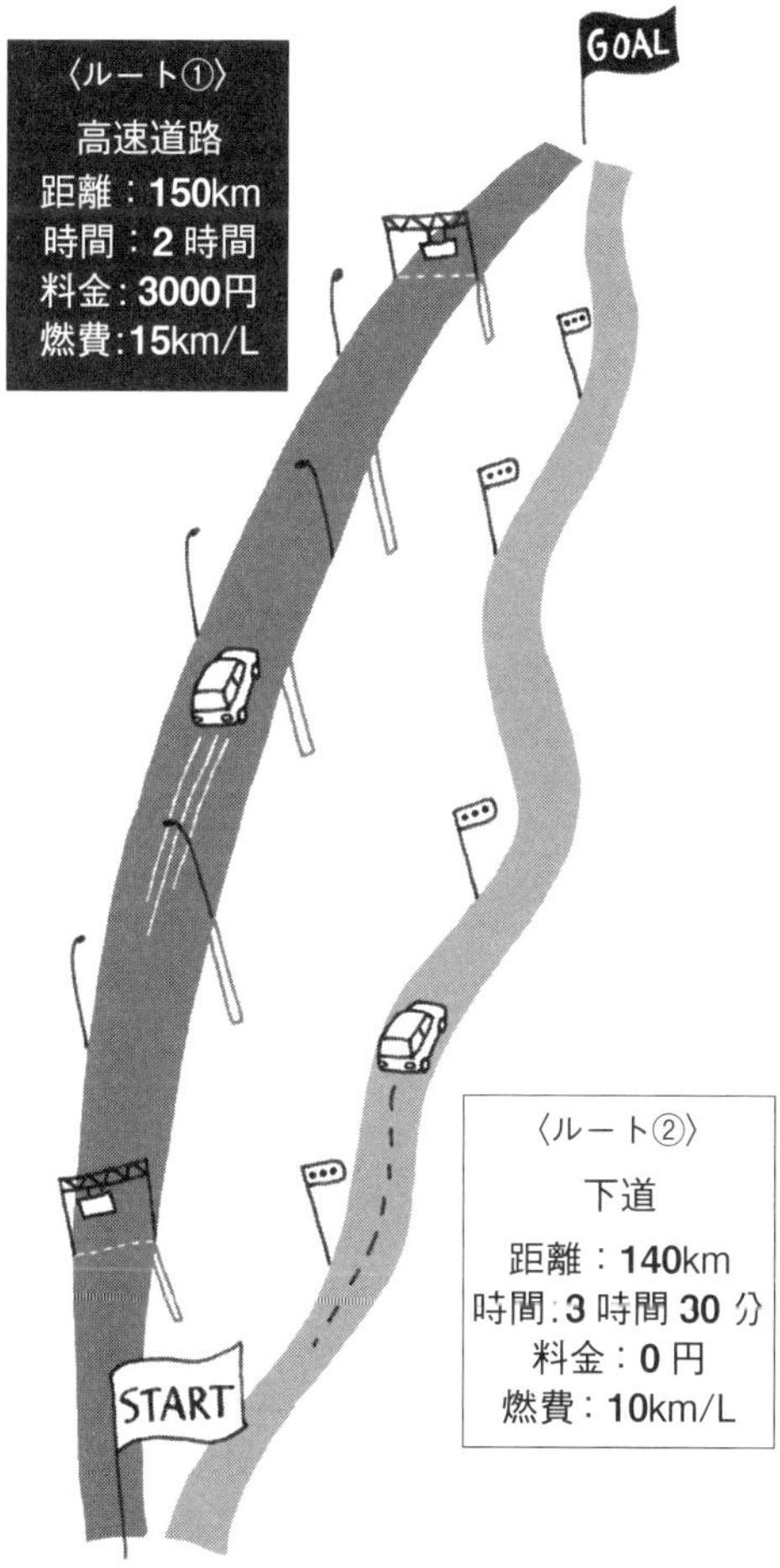

解説

まずは、かかる時間とお金の２つのみに着目して考えてみましょう。

ルート①、つまり高速道路を選択する場合、かかる時間は2時間となります。そして、かかるお金は高速道路の通行料金と、ガソリン代の合計となります。

今回の場合、燃費が15ｋｍ／Ｌ、走行距離が１５０ｋｍであるため、ガソリンの使用量は10Ｌと推定されます。

そのため、ガソリン代は１５００円となり、かかるお金の合計は３０００円＋１５００円で４５００円と計算できます。

ルート①の料金計算式

●ガソリン代

（150km ÷ 15km/L）× 150 円 /L＝ 1500 円

●高速道路料金　3000 円

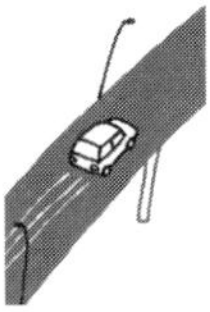

●合計　1500 円＋3000 円＝4500 円

ルート②、つまり下道を選択する場合は、かかる時間は走行時間の３時間30分に、休憩１回の30分を含めて４時間となります。

かかるお金はガソリン代のみとなります。今回の場合、燃費が10ｋｍ／Ｌ、走行距離が１４０ｋｍであるため、ガソリンの使用量は14Ｌと推定されます。

そのため、かかるお金は１５０円×14Ｌで２１００円と計算できます。

よって、高速道路と下道でかかる時間の差は２時間、お金の差は２４００円となります。

ここまでは前項の「タクシーか電車か」の２択と同じ考え方ですね。では、今回は何を考えるかというと、「家族４人でのお出かけ」という点です。

つまり、**２４００円を余分にかけるだけで、家族４人**

ルート②の料金計算式

●ガソリン代

（140km ÷ 10km/L）× 150 円 /L ＝ 2100 円

●高速道路料金　0 円

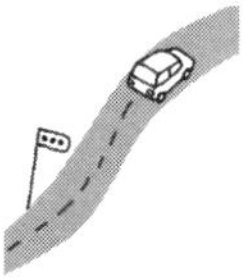

●合計　2100 円＋　0 円　＝2100 円

全員の時間を2時間も短縮することができるのです。1人の1時間あたりで計算すれば300円となります。**「1人あたり」**にまで分解すると、お得な数字が見えてきますね。

本来の目的が「家族が目的地で遊ぶ時間を確保したい」であることを考慮すると、高速道路を選ぶのはとても有意義な選択だと言えるでしょう。

今回も、一概に「高速道路の方が良い」と言い切ることはできません。今回の条件にもあった通り、**下道の運転と高速道路の運転では注意すべきポイントが異なってきます。**下道の運転の方が信号や渋滞が多くてストレスが溜まるという人もいれば、高速道路は常にハイスピード

ルート①とルート②の料金比較

●時間　4時間－2時間＝2時間

→ルート①の方が、2時間早く目的地に到着する

●料金　4500円－2100円＝2400円

→ルート①の方が、2400円多く料金がかかる

●1時間あたりの料金　2400円÷2時間＝1200円/h

■1人＆1時間あたり（4人家族）の料金

1200円/h÷4人＝ 300円/h（人）

で運転しているので緊張するという人もいます。高速道路は渋滞にハマると簡単には抜けられませんが、下道は抜け道があるかもしれません。家族でドライブをしている場合、下道の方が景色の移り変わりが見えて楽しさが増すかもしれません。

このように、単純な時間とお金の計算だけでなく、他の参加者にも着目すると、どちらの選択が正しいかがそれぞれの状況に合わせて判断できるでしょう。

結論は、費用だけで考えれば、2時間の時間短縮を2400円で購入したいと思えれば高速道路を選ぶべきである、ということになります。

もちろんこの判断は最終的には人によるのですが、2つのルートを見て直感で考えるよりは、**分解して2つの選択肢の差を明らかにする**方が、より自分が望む判断ができるようになるでしょう。

POINT

与えられた条件を徹底的に分解して数値化する

Column 車の燃費が一番良くなるのは時速何ｋｍ？

車は同じ車でも速度によって燃費が変化します。

筆者は最初、「速度が速くなればなるほど、燃費は良くなるのではないか」と考えていました。速度が速いとブレーキを踏むことが少ないため、無駄なエネルギーを使わなくて済むからです。

この考えは的外れというわけではなかったのですが、実際はある程度スピードが上がると、その速度の2乗に比例する空気抵抗が車にかかってしまうため、「速くなるほど燃費が良い」という仮説は間違っているようでした。

もちろん車種やエンジンの種類にもよりますが、多くの車において燃費が最も良くなるのは時速60－80ｋｍの一定のスピードで走り続ける場合になります。

今回の問題のように高速道路と下道を比較する際は、速度による燃費の変化にも着目できるとより精度の高い数値化ができるようになるでしょう。

速度と燃費の関係性

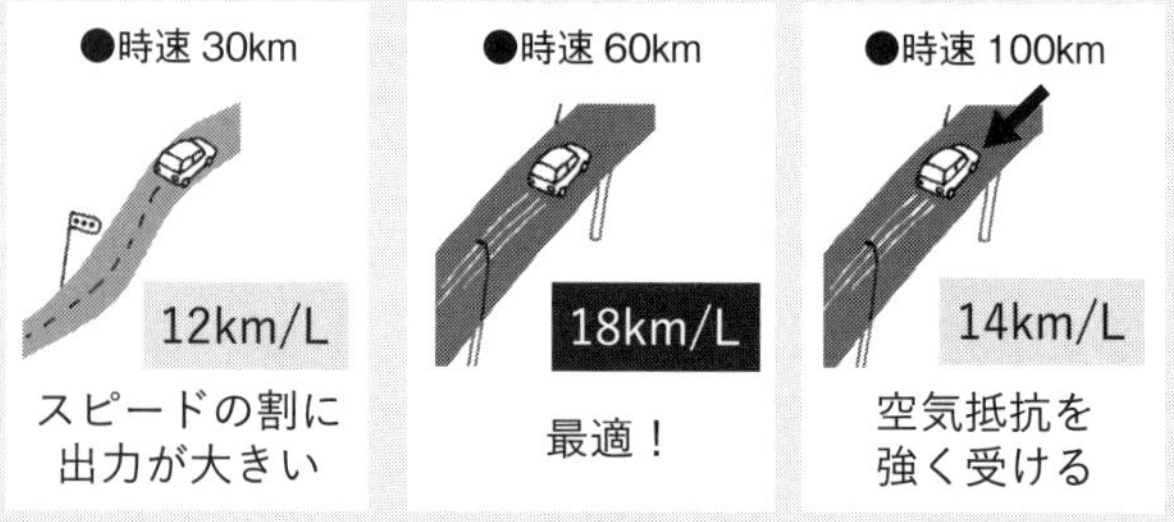

03

ハイブランドとファストファッション、どっちを選ぶ？

ポイント：「効用」の考え方

先ほどの「高速道路と下道」の問題では、「1リットルあたりの」「1時間あたりの」「1人あたりの」という計算が非常に重要になりました。

次は、「1回あたりの」料金を計算することでどちらが合理的なのかを判断する問題を考えてみましょう。扱う数値は大きくなりますが、計算は非常にシンプルです。どうしても難しいという場合は、この章は計算機を手元に置いて読み進めてください。

皆さんは、好きなファッションのブランドはありますか？

自分のお気に入りのブランドがあって、常にそのブランドの服を着るという人もいれば、特にこだわりはなく、さまざまなお店の中から良いなと思った服を集めて着回す、という人もいるでしょう。

どんなブランドであれ、もちろん「自分が着たいと思った服」を選ぶ選び方が理想的です。しかし、多くの場合は「値段」を気にしてしまって単純に着たい服を選ぶことは難しいでしょう。

例えば、ハイブランドのボトムスであれば1着買うのに5万円かかってしまいますが、ファストファッションのボトムスは2500円で買うことができるとします。

この2つの服を比べた場合、生地の丈夫さや細かなデザインといった違いがあるでしょう。考えるほどに、どちらを選べば良いか迷いますよね。

今回はこの選択についても、徹底的な数値化を行い、「第3の選択肢」も含めて考えてみましょう。

Question

次の条件のとき、あなたはハイブランドのボトムスとファストファッションのボトムス、どちらを選びますか？

A：自分が大好きなデザインの、ハイブランドの5万円のボトムス
　500回穿ける丈夫な生地

B：普段着用の、ファストファッションの2500円のボトムス
　50回穿ける生地

A：ハイブランド
値段：**5**万円
着用可能回数：**500**回

B：ファストファッション
値段：**2500**円
着用可能回数：**50**回

解説

この条件下で考えれば、ハイブランドの服は1回の着用にかかる値段が100円となるのに対し、ファストファッションの服は1回あたり50円となります。つまり、ファストファッションの服の方がお得という計算になります。

これだけでは問題にならないので、「服を着る目的」についてもう少し考えてみましょう。

●ハイブランド着用1回あたりの値段

50000円÷500回＝100円

●ファストファッション着用1回あたりの値段

2500円÷50回＝50円

服を着る目的は、もちろん身体を守るためということもありますが、自分の気分を上げるためであったり、オシャレをして周りの人に良いなと思ってもらうためであったり、他にもさまざまな目的・意味があります。

例えば、ハイブランドの服が着るたびに自分のやる気を高めてくれるのであれば、その度合いによってどちらを選択するかは変わってきます。自分の好きなブランドを身につけることが自己肯定感を高めるのに有効だと言う人もいるかもしれません。

それに対し、ファストファッションの服の場合、単純計算をすれば5万円の服1着を買う値段で20着のボトムスを買うことができます。つまり、1つのデザインに飽きたとしても、季節や時期、自分の気分によってさまざまなデザインの服を選ぶことができるのです。

この2つのメリットの差分が、1回あたり50円の値段の差分をひっくり返すほど大きいものであれば、ハイブランドを選ぶべき、という判断ができるでしょう。


どちらを選択するのがより合理的かを考えるために、今回は値段だけでなく**「効用」**という新しい数値を導入します。

「効用」とは**消費による満足度を数値化したもの**で、経済学でよく使われている言葉です。この「効用」を使って、それぞれの選択肢について数値化を行ってみましょう。

自分が大好きなデザインのボトムスを穿くことに対する効用が1回あたり100だと仮定します。それに対して、ファストファッションのボトムスは1回あたりに得られる効用が20ですが、さまざまなデザインを揃えられるという点で1回あたりさらにプラスで20、合計40の効用が発生したとしましょう。

この場合、同じ「5万円」の出費において、**ハイブランドのボトムスを選択した場合の効用の合計値は5万**です。

それに対して、**ファストファッションのボトムスを選択した場合の効用の合計値は4万**と計算することができます。

計算結果から、この仮定においてはハイブランドのボトムスの方が選んだ際の効用が大きいことが分かります。

ここでさらに、もう1つ観点を加えて考えてみましょう。

同じ「5万円」でボトムスを購入するときの比較

●ハイブランドにおける「効用」の合計値

（1回当たりの効用）×（着用可能回数）

＝ 100×500回＝50000

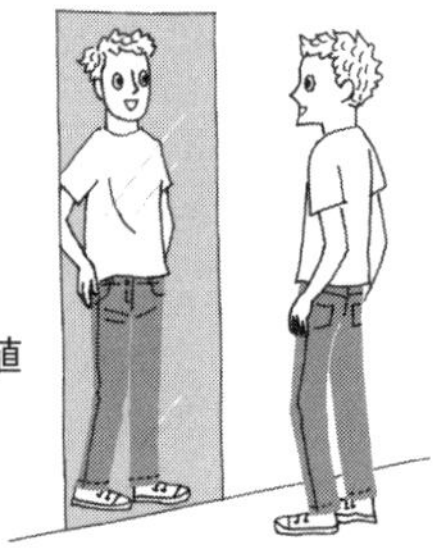

●ファストファッションにおける「効用」の合計値

購入できるボトムスの着数：

5万円 ÷2500円＝20着

1着あたりの効用：（20＋20）×50回＝2000

合計：20着 ×2000＝40000

ここまでの仮定では、お気に入りのハイブランドのボトムスを穿くことに対する効用は1回あたり100で固定していますが、**実際に500回ともに同じ効用であるとはあまり考えられません。**

経済学で有名な**「限界《げんかい》効用《こうよう》逓減《ていげん》の法則」**というものがあります。**消費の数量が増えるに従って、消費によって得られる効用は次第に減少していく**、ということです。これを踏まえて式を立て直してみましょう。

1回目の着用で得られる効用を100、着用可能回数の限界を迎えた500回目の着用で得られる効用を20とし、回数が

限界効用逓減の法則

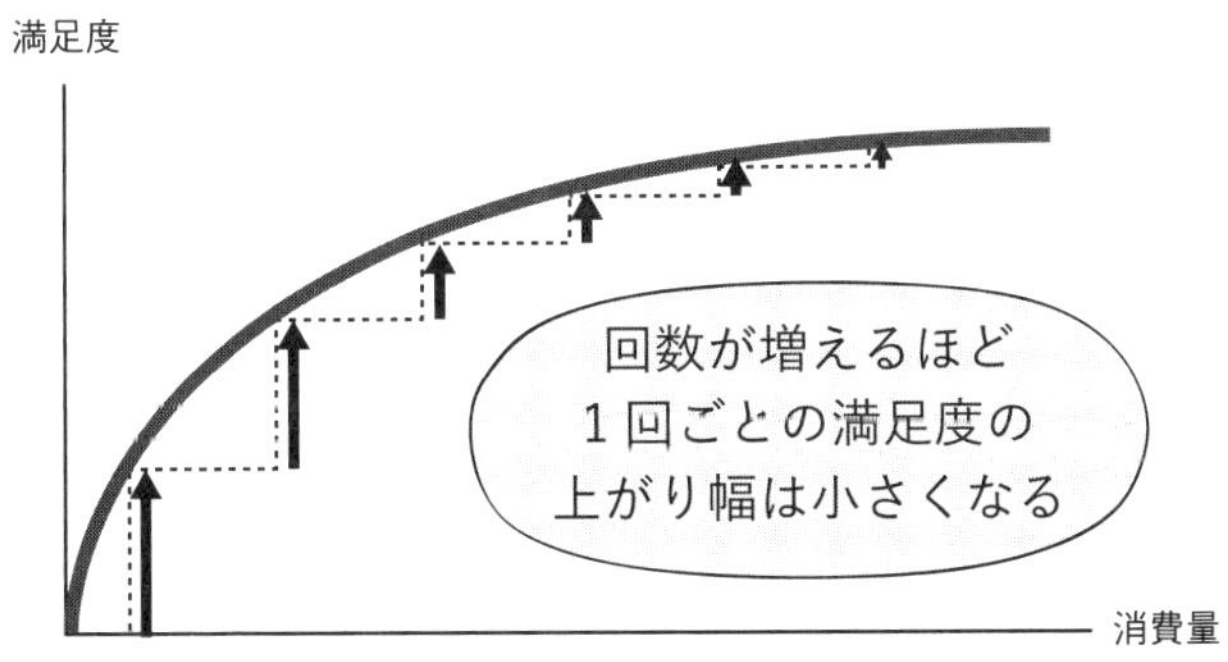
満足度
回数が増えるほど
1回ごとの満足度の
上がり幅は小さくなる
消費量

お気に入りの服でも、着用による効用はだんだんと減っていく

増えるにつれて一定の減り幅で効用が逓減していくと仮定します。このとき、1回ごとに得られる効用の平均値は、計算すると「60」になります。

この数値を用いて効用の合計値を改めて求めてみると、「3万」という結果になり、ファストファッションの場合の効用の合計値を下回る結果となります。

効用をどのように感じるかは、人によって大きく異なるでしょう。この選択を行う際には、自分が何に効用を感じるかを見つめ直し、数値化のプロセスと合わせて用いることが重要になります。

●500回目の着用までに得られる効用の平均値

(100＋20)÷2＝60

●ハイブランドにおける効用の合計値

（1回当たりの効用）×（着用可能回数）

60×500＝30000

POINT

消費による満足度＝「効用」を感じる部分を数値化する

Column　スティーブ・ジョブズは毎日同じ服を着ていた…？

今回はファストファッションの着用で得られる効用を考える際に、「さまざまなデザインを揃えられる」という事象をプラスで捉えて数値化しました。しかし、服の種類が多くなることは、メリットばかりではない場合もあるのです。

アップルの創業者であるスティーブ・ジョブズ氏がいつも同じタートルネックのTシャツに、同じジーンズを着ていたことがかつて大きな話題となりました。彼ほどの成功者であれば服を買うお金に困っているはずがないのですが、彼は同じ服を着ている理由を「服を選ぶための時間を仕事に使いたいから」と答えていました。

服装選びに限った話ではありませんが、選択肢が多いと、それだけ「迷う」という事象が発生します。これは極端な話ですが、迷う時間を極限まで減らして、その分他の出力を大きくする、という考え方も理に適っていると言えるでしょう。

また、1995年にコロンビア大学のシーナ・アイエンガー教授が発表した「ジャムの法則」というものがあります。ジャムの品揃えが多い店の方が購買率が低かったという実験結果から、人は選択肢が増えると選ぶことが難しくなり、選ぶことをやめてしまうと示しました。「選ぶ」ことは自由で楽しめる要素である一方、人間が苦手とする部分でもあるのですね。

04

6個入りの卵と10個入りの卵はどちらが良い？

ポイント：「損失」をいかに減らすかを考える

皆さんは、スーパーでの買い物でこのように悩んだことはありませんか？

「同じもので量が違う2つの商品AとBがあって、Bの方がAよりも商品の個数、内容量は多いが、その分値段も高い。どちらがお得なのかがパッと判断できない」

お客さんのニーズに幅広く応えるために、スーパーなどではさまざまな種類、容量の商品が売られています。それはありがたい反面、どれを買えばいいのか混乱させている要因の一つでもあるでしょう。一人暮らしの場合や、あまり日常的に使わない調味料だと賞味期限内に使い切ることが難しいパターンもあります。

今回はそんなさまざまな要因を数値化して、どの選択が合理的なのかを考えていきましょう。

Question

スーパーの卵コーナーに行くと、２種類の卵が売られていました。

・6個入りで２００円の卵Ａ
・10個入りで３００円の卵Ｂ

このとき、あなたはどちらの卵を選びますか？

ただし、卵の賞味期限はどちらも2週間（14日間）であり、卵の品種や大きさは同じとします。

また、あなたは一人暮らしであり、普段卵を平均して2日間に1個のペースで消費していると仮定します。

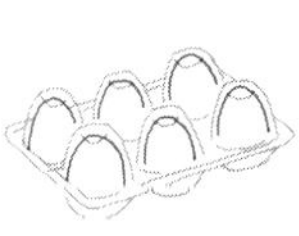

〈卵 A〉
6 個入り
200 円

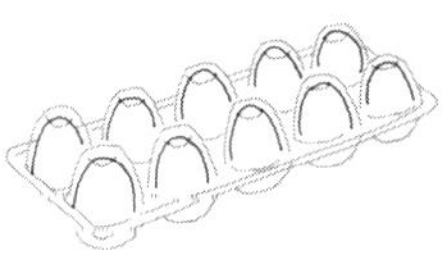

〈卵 B〉
10 個入り
300 円

解説

値段的には、6個入りの卵Aは1個あたり約33円、10個入りの卵Bは1個あたり30円と、卵Bの方が卵Aよりも卵1個あたりの値段が安く、卵Bを買った方がお得です。

しかし、ここには1つ大きな落とし穴があります。

卵Bを普段通りのペースで消費していくと、賞味期限が切れるまでの2週間の間で7個しか卵を消費できないことになるのです。よって、残りの3個は「賞味期限が切れた後に消費する」か、「普段よりも速いペースで卵を消費する」ことになります。

つまり、一見お得のようにみえる「卵Bを選択する」という行動が、**「わざわざ100円多く支払って、普段食べる量よりも多くの卵を買っている」**という行動だと言えるのです。卵Aは割高になり、卵Bは卵を食べきれないというロスが生じる。どちらを選んでも損失が発生しそうです。

卵を期限内に食べきれなくてもお得な方を買う、という行動が合理的かどうかを考えるために、今回も値段だけでなく「効用」という数値を導入しましょう。

前述の通り「効用」とは満足度のようなものであり、今回は卵を消費する際の満足度をパーセンテージで表してみることとします。

賞味期限が切れるまでに、「普段通りのスピード」で消費された卵の効用を１００％、賞味期限が切れるまでに、「普段より速いペース」で消費された卵の効用を50％、「賞味期限が切れてから」消費された卵の効用を30％と仮定します。この仮定において、それぞれの卵を選んだときの効用は次の通りです。

卵Ａ：６００％

卵Ｂ：８１０％

それぞれの選択において、「１００円あたりで得られた効用」で比べてみると、

卵Ａ：６００％÷２　＝３００％

卵Ｂ：８１０％÷３　＝２７０％

つまり、総合すると卵Ａを選んだ場合の方が良いと

●卵Ａを選んだ場合の効用

100％×６＝600％

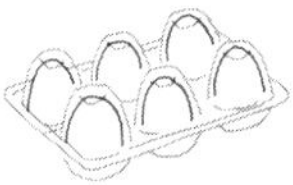

●卵Ｂを選んで２週間で８個消費し、
残りの２個を賞味期限が切れた後に消費した場合の効用

100％×７＋50％×１＋30％×２＝810％

いうことになるのです。

もちろんこの計算はあくまで一つの仮定だけに基づいたものであるので、普段の卵の消費量や、卵を速いペースで消費した時の効用の減少量に応じても最適解は変化します。ただ、その判断基準が単純な個数あたりの値段だけではないことは紛れもない事実と言えるでしょう。

パックに入った卵を買う、というシーンは非常に頻繁に訪れます。その際に、単純に1個あたりの値段を比べて買う選択方法でももちろん良いのですが、このように数値化してみると、より自分や家庭の事情に合った選択ができるようになるかもしれません。

POINT

発生しうる「損失」も見逃さない！

Column　個数が多い方が必ず値段は安い…？

今回は卵の値段を扱いましたが、小売店で売られているものは卵に限らず基本的に「量や個数が多い方が、一定量あたりの値段は安くなる」という法則を有しています。醤油やお酒、みりんなどの調味料も大容量のものの方がお値打ちですし、お酒なども大きな缶の方が１００ｍＬあたりの値段は安くなっています。

そのため、賞味期限の長い保存用の食品や飲料品に関しては、基本的には大きなものを買えば買うほどお得になります。

しかし実は、ここに「例外」が存在するのです。

大きな駅や観光地のお土産屋に行く機会がある方はぜひ確認してみてほしいのですが、お菓子の土産物などの包装が丁寧なものは、個数が多い方が1個あたりの値段が高くなっているパターンが時々見られます。理由は非常にシンプルで、数が多い方がより品質やデザインを凝った箱に包装されることとなり、その箱代がかかってしまうからです。

そのため、お土産を選ぶ際には、単純に大きなものを買うのではなく、渡す相手やその人数に応じて最適な量を買うことをオススメします。

05

コースで予約するか、アラカルトにするか

ポイント：均一料金が与える印象

皆さんは友達や会社のメンバーとの食事でお店を予約する際に、「コース」と「アラカルト」のどちらのプランにするか迷ったことはありませんか？

アラカルトの方が限られた予算で自分たちの好きなものを食べられるから良いと思う人もいれば、メニューを選ぶ手間が省けるコースの方が良いと考える人もいるでしょう。反対に、アラカルトはメニューを選ぶのが面倒、コースは量やメニューに全員が満足できないなど、どちらのプランにもメリット／デメリットがあります。

今回は、コースとアラカルトのどちらが合理的なのかを判断していきましょう。

Question

全品５００円均一のイタリアンレストランに、友人と２人で行くことになりました。フードもアルコールドリンクも全て一品税抜５００円です。

コース：２時間飲み放題付き３０００円（税込）
前菜、ピザ、パスタまで一通り提供

アラカルト：全品５００円（税抜）
ただし、１人あたり税抜３００円のチャージ料金がかかる

あなたと友人は２人ともお酒を嗜んでおり、普段は１回の食事で平均で２・５杯ほど飲んでいるとします。この条件の場合、コースを指定するか、アラカルトで注文するかどちらが良いでしょうか？

アラカルト

・全品 500円（税抜）
・チャージ料
300円 / 人（税抜）

コース

2時間飲み放題付き
3000円 / 人（税込）

解説

まず、値段の決まっているコースから考えてみましょう。

コースで頼んだ場合、2人が支払う合計金額は6000円です。その値段で、決まっているメニューと、自分が頼みたい分のドリンクを楽しむことができます。

では、アラカルトはこの値段でどれだけのメニューを頼めるか計算してみましょう。

「全品500円均一」と言われると、「500円のメニューを6000円分＝12品頼める」とついつい思ってしまいがちです。

しかし、この計算は、一見正しいようにみえて間違っています。

なぜなら、アラカルトにはチャージ料金が発生するからです。

また、500円という料金も細かく見ると「税抜」で書かれているため、実際にはイートインの税率である10％が加算されて550円となるのです。

この2つの情報を踏まえて、改めて頼める品数を考えてみると、**1人あたり5品頼んだ時点でコース2人分の値段である6000円を超えてしまう**のです。

当初の見込みで頼めると考えていた12品を頼んだ場合、値段は7260円とコースの料金を大幅に上回ってしまいます。

この結果を見て、「1人あたり5品も食べられたら十分だよ」と思う人も多いかもしれません。

しかし、一度考えてみてください。この5品にはドリンクや前菜も含まれるのです。

具体的にシミュレーションしてみると、次のようになります。

・グラスワインを1杯ずつ頼んで乾杯
・前菜を1人1つずつ頼む
・サワー系のドリンクを1人1杯ずつ頼む
・ピザ、パスタを1つずつ頼んでシェア
・最後にもう1杯ずつ好きなドリンクを頼む

アラカルトでの注文数と料金

●8品（1人4品）頼んだ場合

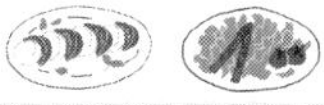

{(300円×2人)＋(500円×8品)}×1.1＝5060円

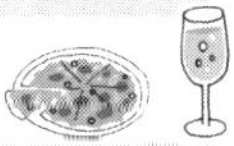

●10品（1人5品）頼んだ場合

{(300円×2人)＋(500円×10品)}×1.1＝6160円

●12品（1人6品）頼んだ場合

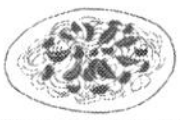

{(300円×2人)＋(500円×12品)}×1.1＝7260円

このような流れで、もう1人5品を達成することになってしまいます。思っているよりも、ドリンクを含んだ「1人5品」は少ない量なのです。

また、コースとは違って飲み放題のプランではないため、追加で1杯のドリンクを頼むのを躊躇してしまい、思うように楽しめない、という恐れもあるかもしれません。

では、必ずしもコースの方が合理的なのかと言われると、もちろんそういうわけではありません。

はじめに述べた通り、アラカルトを選択するメリットは、自分の好きな料理を

2名でアラカルトを注文した場合の内訳

●ファーストオーダー

・グラスワイン　2杯
・カプレーゼ　1つ
・アヒージョ　1つ

●セカンドオーダー

・レモンサワー　1杯
・ハイボール　1杯
・マルゲリータ　1つ
・カルボナーラ　1つ

●ラストオーダー

・シャンディガフ　1杯　・ファジーネーブル　1杯

■合計 {(300円×2人)+(500円×10品)}×1.1=6160円

コースの料金を上回ってしまう

選べることにあります。コース料理の内容を自分で選択できるレストランもありますが、その多くはあらかじめお店側が決めています。内容をよく見ると、アラカルトの方が1品あたりの量が多いこともあります。

ここで、自分の好きな料理を選べる効用も入れて考えると、頼みたい品数によってはコースよりもアラカルトの方が良い場面ももちろんあります。

1品あたりの値段を抑えて全商品を均一料金にしていると、「安い」「お得だ」という印象が強くなります。100円ショップなどはこの好例です。その印象のまま品数を意識しないでいると、会計のときに想定以上の額になっていることもあります。

今回のように冷静に数値化をして考えてみると、どの基準で自分がプランを選べば良いのかが見えてくるのです。

POINT

お得に感じる「均一料金」は冷静に数値で比較しよう

Column　お通しって日本だけ…!?

今回の問題に、「アラカルトで頼む場合、1人あたり税抜300円のチャージ料金がかかります」という条件がありました。

このチャージ料金は、お店によっては「お通し」や「突き出し」とも言われ、夜の時間帯に飲食店に入ると多くの場合ついてくるものになります。日本では多くの人が違和感なく受け入れる文化となっていますが、これは世界共通のものではないのです。

この「お通し」は、注文を受けてから料理を出すまでの間に、先に提供されるお酒と一緒につまめるものが欲しいだろうというお店側の配慮によって生まれたものです。つまり、〝おもてなしの心〟から生まれたものなのです。

このような背景もあってか、このお通しに関してはメニューへの掲載がされていないことが多く、値段も書かれていないか、目立たないところに小さく書かれている場合がほとんどです。

この日本特有の文化を知らない海外の方は、「頼んでもいない料理が出てきて、料金を請求される」お通しのシステムを受け入れられず、トラブルになることがたまにあります。

筆者は居酒屋のアルバイトをした経験があるのですが、その際も外国人の方に「この料理は頼んでいないよ?」などと差し戻されることもありました。

そのような場合は、日本で「お通し」が生まれた経緯を説明して、納得してもらうようにしていました。

海外では、代わりに「チップ」という文化があることがあります。これは店員さんのサービスに対して感謝の気持ちを示すものという扱いで、会計の最後に渡されることが多いです。また、クラブやバーなどでは「テーブルチャージ」が取られることは多くの国で共通しています。

そのため、「お通し」という説明ではなく、言い方を変えてみると受け入れてもらえるのかもしれませんね。

第2章のまとめ

ここまでいくつか日常の具体例を挙げて、「数値化」の基礎的なトレーニングを行いました。

本章のテーマは**「条件の付与によって変動する数値」**でしたが、数値の扱い方を掴むことはできましたか？

「変動する数値」とは、「雨が降った場合の移動にかかる時間の変化」や、「車の速度によるガソリン燃費の変化」、「着用回数によるハイブランド服の効用の変化」や、「卵の賞味期限と味のクオリティの関係」などのことを指します。

このように例示してみると、そこまで難しい話ではなく、数値化とは日常に即したものだと思えてきませんか？

あるいは、数値化の方法を文章にすると「なんだ、そんなことか」と簡単そうにみえたかもしれません。ですが、肝心なのは「その数値を見つけられるようになること」です。**どのように数値を見つけて、数値をどのように仮定して、自分の頭で計算する**

のか。繰り返し頭の中で思考することで、数値化力は自然と鍛えられていきます。

今回は５つのテーマを通して数値化を考えましたが、それ以外にも日常に数値化のヒントは無限に広がっています。

どこを数値化する必要があるかは人によって大きく変わるので、自分の日常生活から数値化できるポイントを探してみることをオススメします。

第3章

数値化で物事の計画を立てる

イントロダクション

第2章では、数値化の基礎とも言える問題に取り組んでいただきました。2つの数値を比較し、第3の判断基準を探して数値化することで、数値に対する意識が芽生えてきたのではないかと思います。

しかし、実践で数値を扱う際は、必ずしも2択を提示されるとは限りません。比較できるばかりではない現実での、「数値化の活かし方」をこの章では学んでいきたいと思います。

皆さんは、何か物事を行う際に、計画を立てることは得意ですか？

明確な締切が決まっているものであれば、その締切に合わせた計画を立てることができるという人は多いでしょう。

例えば、「〝来週までに〟20ページのプレゼン資料を完成させる」という仕事が自分に割り振られた場合は、自分が稼働できる日数でページ数を割って、「じゃあ出勤日に1日2ページずつまとめていこう」などの実現可能な計画を立てることができます。

しかし、締切のない物事に関してはどうでしょうか？

「来月の会社の売り上げを前月比5％アップさせよう」という目標があり、それに対して行動計画を立てることを考えてみましょう。このままでは、具体的にどのようにステップを組めば良いか検討がつきませんよね？

その理由は明白で、**「ゴール」と「現在地」、そしてそのギャップを埋めるための「方法論」の3つが定まっていないから**です。

ここでいう「ゴールを定める」とは、「前月の売り上げがどのくらいで、5％アップとは一体どのくらいの売り上げ増加なのか」を考えることを指します。

そして、「現在地を知る」とは、「今はどのくらいの稼働量でどのくらいの成果を出せているのか」を考えることであり、それがあってはじめて「方法論」、つまり、「達成するためにどのくらい稼働をすれば良いのか」を考えることができるようになります。

勉強や仕事など何事においても、計画を立てる上で大事なのが次の3ステップです。

●計画を立てるための3STEP
STEP1　ゴールを定める
STEP2　現在地を知る
STEP3　ゴールと現在地の間のギャップを埋める方法論を考える

この3つは、どれも必要不可欠で、かつお互いに影響し合っている要素になります。

今回はマラソンを例に挙げて3つのステップを考えてみましょう。

あなたがフルマラソンに出場するとして、主催者側から「何キロ走るかは分からないので、頑張って走ってください」と言われたらどう思うでしょうか?

ゴールが見えないいため、ペース配分をどうするか、いつからスパートをかけるかなどの作戦を練ることができないでしょう。

また、フルマラソンは走る距離が長いため、途中で「10km地点」「20km地点」というようにここまでの走行距離を伝えてくれるポイントがあり、給水や栄養補給ができる場合もあります。この給水ポイントが存在しなければ、全体で何キロ走るのかが分かっていても、途中でゴールまでの距離が掴めなくなってしまいます。

反対に、ゴールも今の現在地も分かっていたとしても、ペースを考えず闇雲に走り続けているだけでは、さまざまな作戦を練って挑んでくる選手には敵いません。どんな作戦で走るかを自分も考える必要があります。

この3ステップの流れで計画を立てることができれば、何事でも目標に向かって進めることができます。そのイメージを描いていただけたでしょうか。

そして、**実際に計画を立てる際に大事になってくるのは、やはり「数値化」なのです。**

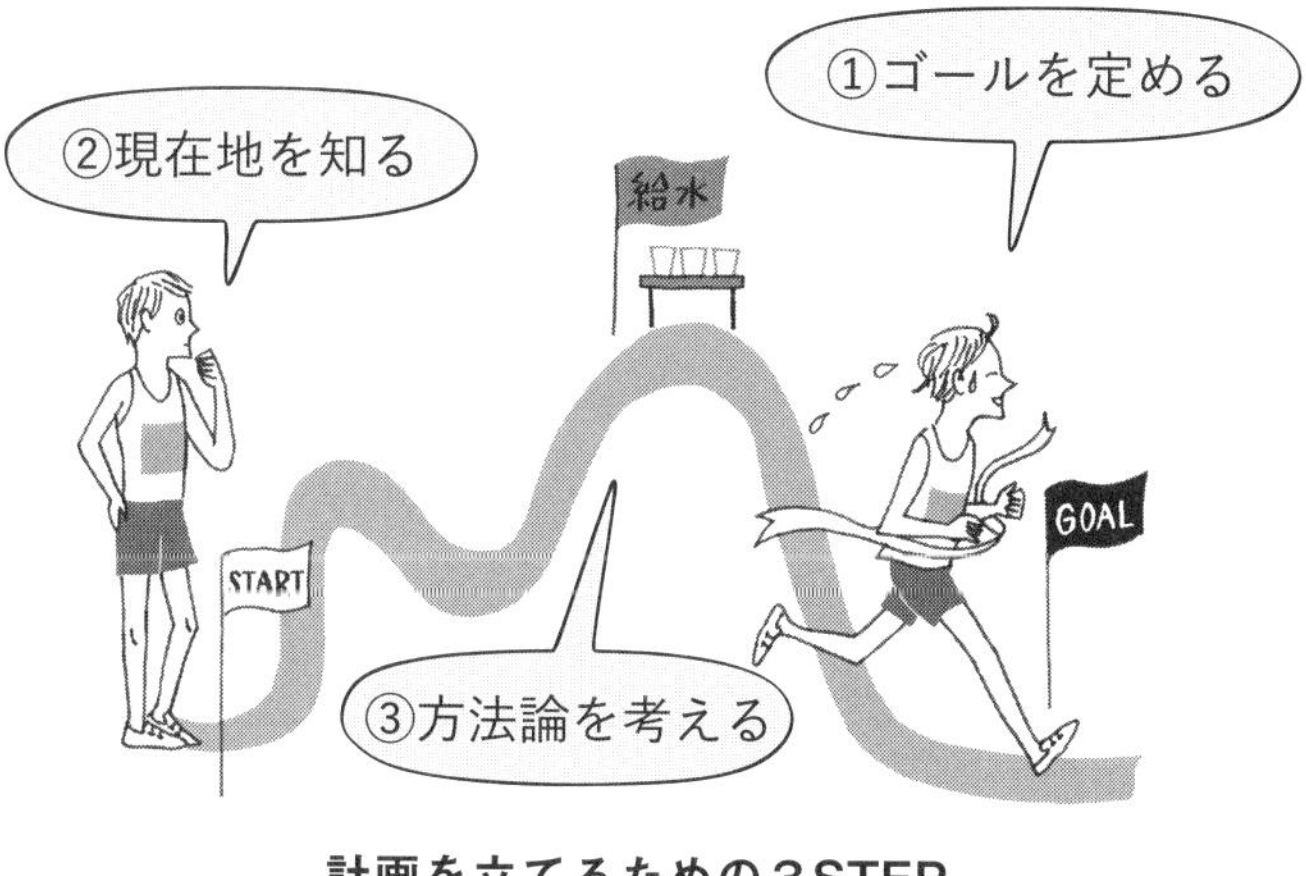

計画を立てるための3STEP

●「数値化」することでタスクを具体的に分解できる

なぜ、計画を立てる際に数値化が重要になるのか。今回は、本書『東大式　数値化の強化書』を執筆する上での計画で考えてみましょう。

筆者は、この本を2024年の4月末に出版する予定で計画を立てました。4月末刊行と言っても、もちろん4月ギリギリまで原稿を書いていては間に合いません。表紙や本文デザインの作成、印刷・製本作業など、本を作るまでにはさまざまな工程があります。出版社や関係者の方の稼働を考えると、筆者が執筆できるのは2月末までだ、という計算になりました。

では、2月末に脱稿（原稿を全て書き終えること）するためには、どのようなスケジュールを組めば良いのか。ここで、**「現在地を知る」**ことが重要になります。

基本的に、1冊の本の文字数は8万字～10万字程度です。今回はイメージ図の挿入が多い本になるので、原稿の文字数を8万字だと推定しました。

その上で、出版社に企画書を提出する段階で、どのような本なのかを伝えるために1万字程度は文章を作りました。それも基本的には完成される本に使われる原稿になるため、ノルマ達成までは残り7万字となります。

企画書の提出が10月の終わりだったことを考えると、11月から2月の4ヶ月間で7万字を書く計算になります。最初は書きやすいところから書いていくことを考え、11月、12月で2万字ずつ合計4万字書こう、などと目標を設定しました。**数値化を行うことで、具体的なタスクが見えてきた**のです。

とはいえ、「7万字書くぞ!」「4万字書くぞ!」と意気込んでもなかなか筆は進みません。ここで重要なのは、**「1日何文字ずつ文章を書き進めるか」「1日のどのタイミングで執筆をするか」**などといった**「方法論」を考えること**です。

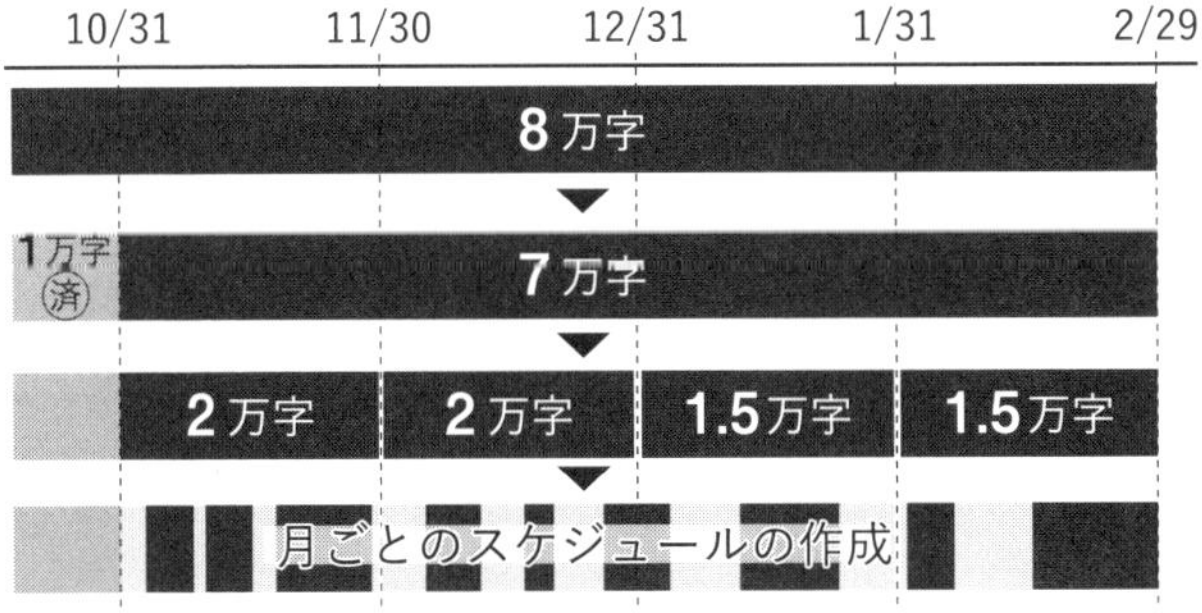

皆さんは、「1000文字の文章を書くこと」と、「200文字の文章を6つ書くこと」の2つの場合、どちらが大変だと感じますか？　おそらく、「1000文字」の方が書く文字の数は少ないのに、大変だと感じた人が多かったでしょう。

人は、分解されたタスクの方が達成しやすいのです。

何千文字と文章を書くことが大変だから、140文字でX（旧Twitter）に投稿した自分のポストを見返して、それをまとめて一つの作品にする人もいるのです。

つまり、方法論を立てる上でも、数値化で数を分解して考えることは大事になるのです。

ここからの第3章では、受験勉強や仕事などの例を挙げながら、計画を立てる上での数値化の有用性について紹介します。

ゴールと現在地を仮定して、その間を埋めるための方法論をいくつかのクエスチョンに答えながら紐解いていきましょう。

この章で、**「数値を用いていかに効率よく、そして実現可能な計画を立てるか」**の考え方を吸収していただければ幸いです。

01

東大に合格したい！　どんな計画を立てる？

まずは受験勉強について考えてみましょう。極端な例ですが、あなたは理系の受験生で、1年後に東京大学に合格したいと仮定します。どのような勉強計画を立てれば良いのか、冒頭で説明したこの3ステップの流れで進めてみましょう。

STEP1　ゴールを定める
STEP2　現在地を知る
STEP3　ゴールと現在地の間のギャップを埋める方法論を考える

この章では、**STEP1**と**STEP2**で考え方を身につけた上で、最後の**STEP3**でいくつかのクエスチョンに挑戦していただきます。

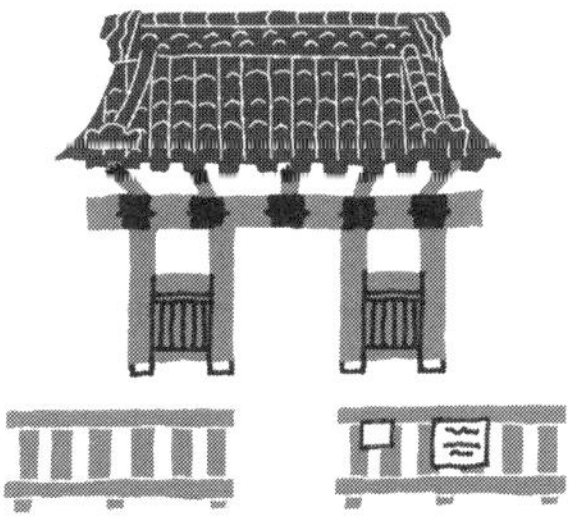

STEP1　ゴールを定める

今回の設定において、ゴールは間違いなく東京大学に合格することです。

ここで、ただ「合格するぞ」で終わらせるのではゴールを定めたことになりません。「そもそもどういった試験なのか」「合格するためにはどのくらいの点数なのか」といった**徹底的な分解をして、ゴールを数値化し理解すること**が重要になります。

では、早速「東大に合格する」という目標を分解していきましょう。

①目標を分解して具体化する

東京大学に一般選抜で合格するためには、「試験を受ける」「試験で合格点以上をとる」の2つが必須です。東大の試験要項を確認してみましょう。

【受けるべき試験】

・「大学入学共通テスト」全ての大学受験生を対象に、1月中旬に実施

・「二次試験（前期日程）」東京大学に出願した受験生を対象に、2月25〜26日で実施

【出願先の学科】

・文科一類　・文科二類　・文科三類

・理科一類　・理科二類　・理科三類

選んだ科類に応じた合格者の定員があり、倍率はそれぞれ異なる。

全体を掴んだ上で、必要な合格点を考えるためにさらに分解します。共通テストの配点を見てみましょう。

共通テストでは「国語」「地理歴史・公民」「数学」「理科」「外国語」「情報」の6つの教科があり、その教科ごとに科目がいくつか分かれています。

出願する学科によってどの教科・科目をいくつ選ぶかは変わりますが、今回は筆者が東京大学の理類（理系の区分のこと）を受験した際に選択した科目に基づいて考えます。

選択した科目を左ページの表にまとめました。**合わせて8科目の試験を受験する**必要があります。

この試験は合計で１０００点満点になりますが、東京大学の試験方式においては**この点数が１１０点に圧縮されます**。つまり、全体の8割である８００点を取れば圧縮後の点数は88点に、9割である９００点を取れば圧縮後の点数は99点になるということです。厳密にいえば、英語の点数の圧縮方法は少し複雑なのですが、ここでは割愛させていただきます。

同じ要領で、二次試験についても考えてみましょう。

東京大学の理系の二次試験では、全受験生が受験する「共通科目」と、出願の際にあらかじめ届け出た「選択科目」を受験します。今回は「国語」「数学」「物理」「化学」「英語」の**5科目４４０点満点**の記述型の試験を受験することとします。

【共通テスト１１０点＋二次試験４４０点＝合計５５０点】

これが、東大入試の配点となります。

東京大学理類の受験に必要な科目と配点

※筆者が実際の受験時に選択した科目に基づく

●共通テスト

教科	選択科目	配点
国語	「国語」	200 点
地理歴史・公民	「歴史総合、世界史探究」	100 点
数学	「数学Ⅰ、数学A」 「数学Ⅱ、数学B、数学C」	100 点 100 点
理科	「物理」 「化学」	100 点 100 点
外国語	「英語」※1	200 点
情報	「情報Ⅰ」※2	100 点

●二次試験

教科	選択科目	配点
国語	「国語」	80 点
数学	「数学Ⅰ・A・Ⅱ・B・Ⅲ・C」	120 点
理科	「物理」「化学」	120 点
外国語	「英語」	120 点

■全体の配点

共通テスト	二次試験	合計
110点 （1000 点満点を圧縮して換算）	**440点**	**550点** 満点

※1　東大受験においてはリーディングとリスニングの配点が異なるが、ここでは割愛
※2　「情報Ⅰ」は 2025 年度の試験から必須

②過去のデータを元に目標を数値化する

では、550点のうち何点とれば合格できるのでしょうか？

数値化を用いたゴールを設定する際の、1つ目のポイントが **「過去のデータを調べる」ことです。** これは数値化力を鍛える上で基礎中の基礎であり、かつ最も重要とも言えます。**集められる数値は徹底的に集めましょう。**

試験における「目標の数値化」は、**「必要な合格点」** と言い換えられます。

東大は二次試験（前期）の合格者の最高点・最低点・平均点を毎年発表しています。例えば、2023年の理科一類の合格最低点は550点満点中315・0点でした。

また、過去のさまざまな入試データを見てみると、合格点は **共通テストで80〜90％程度、二次試験で50〜60％程度** とされています。

共通テストで1000点満点中900点（90％）を獲得できたと仮定すると、圧縮後の点数は110点満点中99点になります。

ここで、二次試験で50％の点数を獲得すると440点満点中220点になるため、合計して319点となり、先ほどの合格最低点をわずかに上回ることになります。

これで目標を数値化することができました。

さて、この目標設定は果たして適切でしょうか？

③データの上振れ・下振れを分析する

いろいろな考え方がありますが、この点数は目標としては若干不安が残るものだと筆者は考えます。なぜなら、**合格最低点は毎年同じ点数ではない**からです。

特に、東京大学の二次試験は年次によって難易度が大きく変わるため、合格に必要な点数も上下します。

例えば、2017年の理科一類の合格最低点は347・2点ですが、2022年は303・2点です。**たった5年の間で40点以上も合格最低点に差が生まれている**のです。

そのため、目標通り「319点」を獲得できたとしても、合格できるとは限らないということです。
これは受験に限った話ではありませんが、**1つのデータだけを見て結論を出してはいけません**。直近の複数のデータを比較し、「数値にバラつきがあるか」「バラつきがあるなら、その理由には何が考えられるか」「偶発的な理由によるものか、偶発する可能性はどのくらいあるのか」までを考えられると、より正しい数値を拾うことができます。

そのため今回は、二次試験での目標を少し高めの60％に設定しましょう。440点の60％は264点であるため、共通テストの点数と合わせて363点となり、2017年の合格点も余裕をもって突破できることが分か

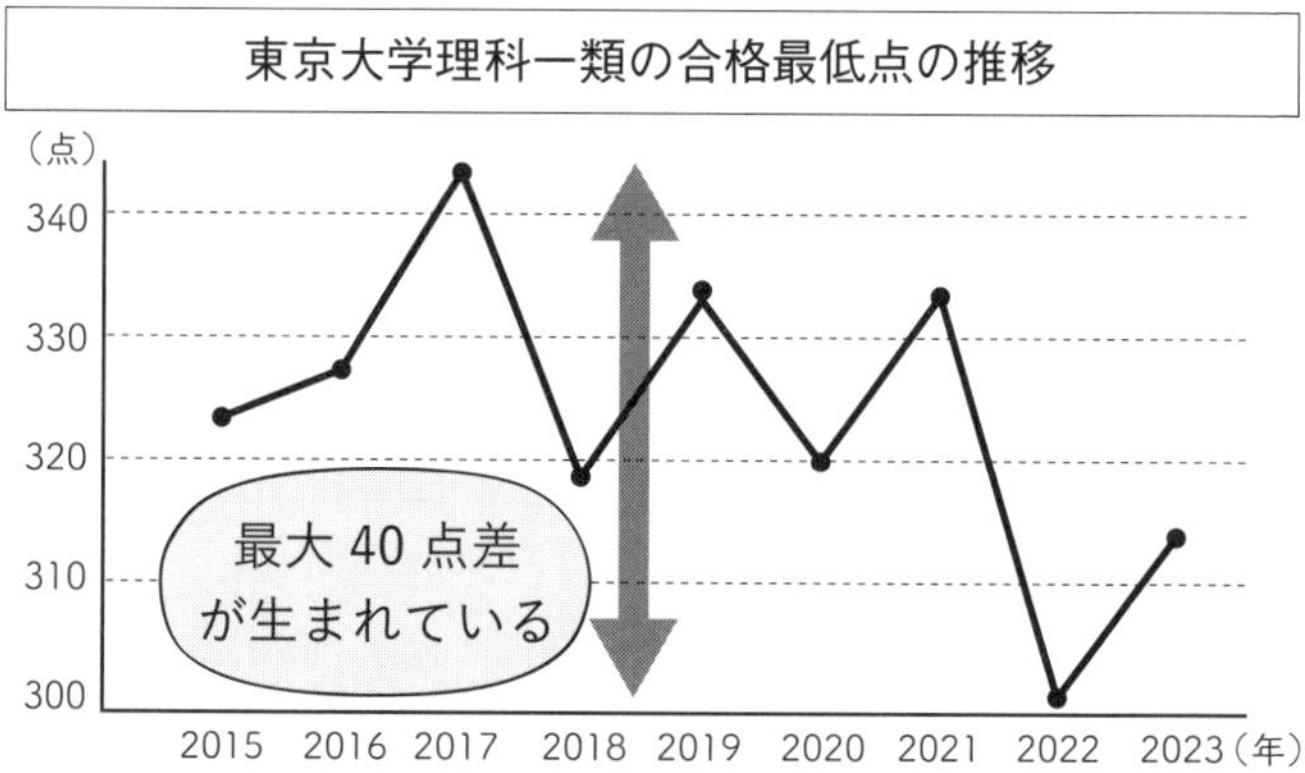

複数のデータを把握することで上振れ・下振れに対応できる

ります。

以上から、共通テストでのゴールは「8科目1000点満点中900点（90％）」、二次試験におけるゴールは「5科目440点満点中264点（60％）」を取ることと定まりました。

長くなってしまいましたが、これで「ゴールを定める」は完了です。

いかに徹底的に数値化をして目標を設定するかが重要だと分かるでしょう。

「ゴールの具体性を数字で見る」

これこそが、数値化で計画を立てる際に大事なことです。

POINT

ゴールを分解し、具体性を数字で見よう

STEP2　現在地を知る

次のステップでは、受験まで残り1年の「現在の学力」を確認しましょう。

このとき、大事になるのは「模試（模擬試験）」や「過去問」などの存在です。

模試は問題の傾向が実際の試験問題に近いことと、受験生の中での自分の位置が分かりやすいことが強みです。しかし、時期にもよりますが模試は実際の試験よりも平均点が低くなるように作られているため、本番よりも難しい場合が多いです。

そのため、正確な難易度で自分の得点率を測りたい場合は、「過去問」を使用するのが良いでしょう。その大学で実際に出題された問題であるため出題傾向を掴むのに最適で、実際の合格点を見れば、現在の自分と合格までのギャップを測れます。

受験においてはこのような方法で、自分の現在地を正確に把握することができます。

ここで、１つ簡単な質問をしてみます。30秒程度考えてみてください。

Question

現在の点数が次のものとします。
この数値から読み取れる、この人の特徴は何だと思いますか？

現在の得点

●共通テスト

選択科目	得点
「国語」	**150** ／ 200 点
「歴史総合、世界史探究」	**50** ／ 100 点
「数学Ⅰ・A」	**50** ／ 100 点
「数学Ⅱ・B・C」	**80** ／ 100 点
「物理」	**30** ／ 100 点
「化学」	**70** ／ 100 点
「英語」	**140** ／ 200 点
「情報Ⅰ」	**80** ／ 100 点
合計	**650** ／ 1000 点

●二次試験

選択科目	配点
国語	**24** ／ 80 点
数学	**54** ／ 120 点
物理	**12** ／ 60 点
化学	**30** ／ 60 点
英語	**48** ／ 120 点
合計	**168** ／ 440 点

この点数から読み取れる特徴は、共通テスト・二次試験ともに目標に達していないということだけではなく、「得意」「苦手」が顕著にみえるかと思います。

数値は、数値のまま見るだけでは不十分で、数値の背景を考えることで意味が生まれます。

また、人間は自分を過信してしまい、甘く見積もってしまいがちです。「私は英語は得意な方だ」「物理はわりと理解できている」と認識していても、「得意」「理解できている」というのが思い込み＝単なるイメージに過ぎないことは多々あります。

例えば、筆者は麻雀《マージャン》を時々打ちますが、麻雀が好きな人が「自分はいつも勝っている」と思っていたとして、「1位を〇回、2位を〇回」と実際に数字を出してみたら意外とそうでもなかったということはよくあります。現実を直視するのは嫌な気分になるかもしれませんが、何より重要なことです。

POINT

自分の能力を数値で客観的に見る

STEP3　方法論を考える

さて、ここまで条件が整理できたところで、いよいよSTEP3の方法論の構築に入っていきましょう。

STEP2までで、ゴールの設定と現在地の把握ができたところで、あとはそのギャップをどのように埋めていくかを考えます。

考えることは多岐にわたります。本番までの期間をどのように考え、自分の得手不得手をどのように攻略するのか？　そもそも何から手を付けたらいいのか？

ここからは、試験本番までの1年間の勉強計画を4つのクエスチョンを通して考えていきましょう。

Question①

ゴールとして目標点数を「共通テスト90%」「二次試験60%」と設定しました。
それぞれの点数の内訳は、以下のうちどちらがより達成しやすいでしょうか？

●共通テスト

科目	【候補A】科目ごとに点数にばらつきがある 得点	【候補B】全ての科目で同じ得点率 得点
「国語」	**185** ／ 200点	**180** ／ 200点
「歴史総合、世界史探究」	**85** ／ 100点	**90** ／ 100点
「数学Ⅰ・A」	**85** ／ 100点	**90** ／ 100点
「数学Ⅱ・B・C」	**95** ／ 100点	**90** ／ 100点
「物理」	**80** ／ 100点	**90** ／ 100点
「化学」	**95** ／ 100点	**90** ／ 100点
「英語」	**180** ／ 200点	**180** ／ 200点
「情報Ⅰ」	**95** ／ 100点	**90** ／ 100点
合計	**900** ／ 1000点	**900** ／ 1000点

●二次試験

科目	得点	得点
国語	**40** ／ 80点	**48** ／ 80点
数学	**80** ／ 120点	**72** ／ 120点
物理	**21** ／ 60点	**36** ／ 60点
化学	**51** ／ 60点	**36** ／ 60点
英語	**72** ／ 120点	**72** ／ 120点
合計	**264** ／ 440点	**264** ／ 440点

この問題の出題意図は、「得点のバランスをどう考えるか」という点にあります。STEP1でゴールを設定しましたが、実はあれでは不十分なのです。ゴールは〝テスト全体の〟得点率しか定められていないので、**ゴールを分解して各科目の目標点数を定める**ことが必要になります。

極端な例ではありますが、科目ごとの点数にばらつきがある候補Aとまんべんなく得点する候補B、どちらが目標点数としてふさわしいのでしょうか。

この選択に絶対的な正解があるわけではありませんが、筆者は候補Aの方をオススメします。理由としては、**科目の得意苦手に応じて目標を設定した方が達成しやすい**からです。

「現在地」と「候補A」の点数を見比べてみると、実は、「現在地」でテスト全体の平均得点割合を下回っていた科目（共通テストであれば65％、二次試験であれば38％以下の得点割合だった科目）は、目標点数でも全体の平均得点割合よりも低く設定しています。同様に、平均を上回っていたものは目標値も平均より高く設定しています。

そうすることで、自分の実力に見合った科目ごとの点数配分にしているのです。

点数目標が9割であっても、**全ての教科で9割の点数を獲得しなければいけないわけではありません。**科目によって点数の取りやすさに違いはあり、さらに受験者の得意科目、苦手科目もさまざまです。

無理に全科目で良い点数を取ろうとする必要はなく、8割の科目はあるけれど、10割近く取れる科目もある、というふうに全体でバランスを取れば良いのです。

例えば、候補Aでは物理の目標点数は80点と設定されています。ここで目標点数から10点のビハインドを背負っているのですが、化学と情報Ⅰがそれぞれ95点であるため、合わせると平均9割にならされるのです。これは、他の科目でも同様です。

このように、目標を立てる際にも柔軟な考え方が必要となります。**90%、60%という言葉をただ掲げるだけではなく、分解するとどのような配分になるのかを数値化して考えることで、より実現可能な目標になります。**ぜひ実践してみましょう。

POINT

計画はできるだけ細かく分解する

Question②

候補Aの目標設定に基づいて、1年間で点数アップを遂行することを考えます。まずは最初の3ヶ月でやることを決めることにしました。次の2つから選んでみましょう。

A：苦手科目である物理・世界史・数学Ⅰ、数学Aの克服に時間を使う

B：得意科目である化学や英語のリーディング能力に磨きをかけることに時間を使う

2つ目のクエスチョンでは、苦手の克服と、得意に磨きをかけることのどちらを真っ先に行うべきかが問われています。

もちろんこれも意見が分かれるところだとは思いますが、筆者は**「苦手の克服」の方が重要**だと断言します。


1つ質問をさせてください。

「100点満点のテストの結果が30点だった科目を50点まで上げること」と、「80点だった科目を90点まで上げること」、どちらの方が実現可能だと思いますか?

もちろんこれは人によって答えが分かれると思いますが、筆者は前者の「30点→50点」の方が実現可能性が高いと考えます。

多くの場合、テストは簡単な問題から難しい問題まで、満遍なく出題されます。30点しか取れなかったということは、出題された問題の中で簡単な方の問題も取りきれなかったということになります。**取れていない70点分の中にも、そこまで難しくない問題が残っているため、その問題を20点正解できるようにすれば良い**のです。このように考えるととても現実的ですよね。

それに対して、「80点→90点」はとても大変です。すでに80点取っているということは、各大問の最後の問題にあるような難問以外はミスなく取り切っていることになります。そこから、残った20点分の問題から10点も追加で獲得する必要があるのです。

それに加え、今自分が獲得していた80点は全て落とさずに保ち続ける必要があります。

このように、非常に厳しい条件なのです。

さらに言えば、これだけ苦労して得た「80点→90点」は10点アップなのに対して、「30点→50点」は20点アップです。つまり、「30点→50点」の方が受験の全体の点数アップにより貢献できるのです。

このように数値化して考えてみると、いかに苦手を克服することが重要かが分かるでしょう。受験勉強において、「点数が上がる」という事象は勉強のモチベーションにつながります。そのため、最初の3ヶ月で苦手を解消

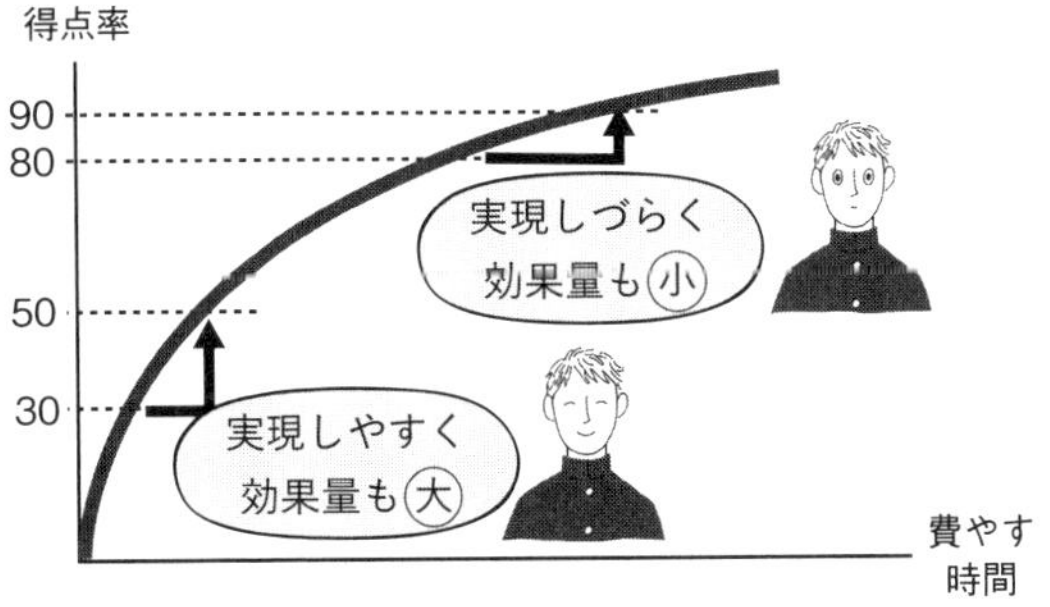

し、合計点数も安定させることが目標達成につながるのです。

「苦手なもの」から逃げてしまう経験は多くの人が持っているでしょう。得意なものはその時点では安定した結果が見込めるため、そればかりを行ってしまいます。しかし、全体を見たときにそれでは成長できないとも言えるのではないでしょうか。

なお、大きなスパンの計画を立てる際には、期間も分解することが重要です。「半年間でどこまで進めるのか」「ラスト2ヶ月は何を重点的に行うか」など、期間を短くすることでその間にできることを現実的に思考することができます。

その上で今回は、最初の3ヶ月でやることについて考えました。

どんな計画でも、手を付けさえすればあとはスムーズに動きやすくなるものです。

POINT

まずは伸びしろの大きい苦手を克服することから始める

Question③

最初の3ヶ月でやっていくことは決まりました。

しかし、3ヶ月は1年の4分の1にすぎないので、その時点でどこまで点数割合を上げれば良いのかの検討が難しいという課題があります。

その課題を解消するために、半年終了時点での「中間目標」を設定しましょう。

現在の得点割合が「共通テスト65%・二次試験38%」であるとき、1年後に「共通テスト90%・二次試験60%」を達成するために、**半年後の目標**はどのように決めればいいでしょうか。

候補A

中間目標　共通テスト：77%

二次試験：49%

候補B

中間目標　共通テスト：82%

二次試験：53%

候補Aでは、現在地と最終目標のだいたい中間の値を設定しています。一方、候補Bは中間値よりも高めの設定にしています。

筆者は候補Bの方がふさわしいと考えます。理由は先ほどのクエスチョンともかぶってくるのですが、**「得点率が上がれば上がるほど、点数アップにかかる労力が大きくなる」**からです。

65％から77％への変化と、77％から90％への変化には圧倒的な差があり、**同じ時間で達成するのは非常に困難**です。そのため、中間値よりも大きなパーセンテージを達成できる中間目標を立てましょう。

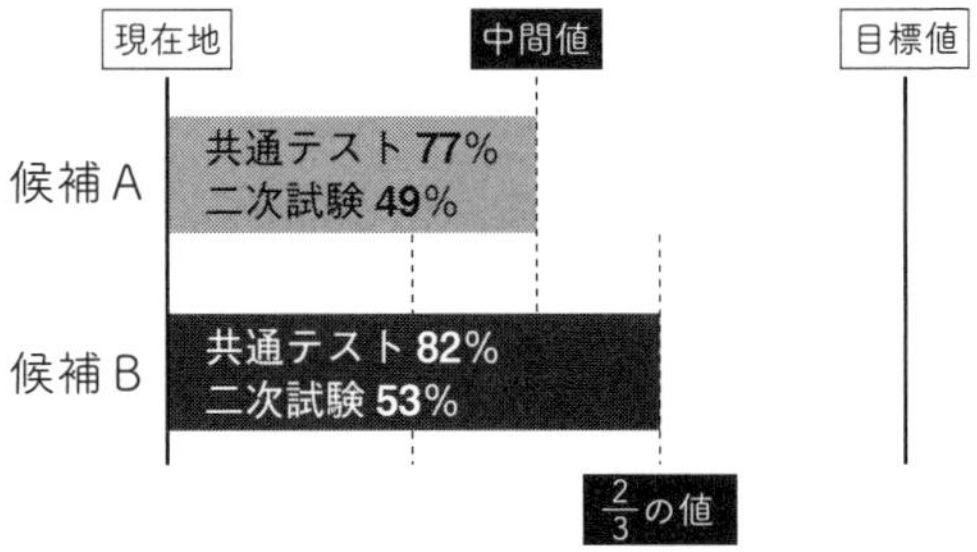

得点率が上がるほど労力が大きくなるため
中間目標は中間値よりも高く設定する

POINT

中間目標は中間値を少し超えたところに設定する

Question④

これまで分解したやることを整理し、実際に最初の1週間のスケジュールを組んでみましょう。

1週間の計画を立てる場合、どちらがふさわしいでしょうか？

	候補 A 月〜日まで すべて同じ予定	**候補 B** 月〜土まで 同じ予定
曜日	勉強科目と時間	
月	国語 **1** 時間　数学 **2** 時間 英語 **1** 時間 物理 **3** 時間　化学 **1** 時間 世界史 **2** 時間 合計：**10** 時間	国語 **1** 時間　数学 **2** 時間 英語 **1** 時間 物理 **3** 時間　化学 **1** 時間 世界史 **2** 時間 合計：**10** 時間
火		
水		
木		
金		
土		
日		数学 **1** 時間　英語 **1** 時間
週合計	**70 時間**	**62 時間**

ここまで全体的な計画を立てていきましたが、**計画は「今日、明日に何をするか」を明確にするためのもの**なので、最終のゴールや中間目標だけを考えるのでは不十分です。実際に日々何をするのかを考えていきましょう。

今回の候補Aと候補Bには、あまり大きな差はありません。

差があるのは日曜日だけで、候補Aは7日間とも同じ勉強時間で設定しているのに対し、候補Bは日曜日の合計勉強時間が2時間と、かなり余裕を持ったスケジュールになっています。

候補Aと候補Bを比較すると、もちろん候補Aの方が1週間に確保できる勉強時間は長くなります。また、毎日同じサイクルを習慣づけられるという点で、候補Aの方が良い計画のようにみえます。

しかし、筆者は候補Bの方が持続可能でより良い結果を出すことができる計画だと考えます。理由は**「バッファ」を作ることができる**からです。

計画は、大体の場合完璧には遂行できません。それは「頭が悪いから」「実行力が低いから」ではなく、どんな人でも計画通り進めるのは非常に困難なものなのです。

計画をうまく実行できる人の特徴は、「うまくいかなかった時の修正が早い」ことです。計画に過度に期待をしすぎず、あらかじめ失敗した時の対処法を考えているため、すぐに修正してまた走り出すことができるのです。

そのために必要なのは、「バッファ」です。ゆとりを持った計画を立てることで、うまくいかない日があっても次の日や次の週で改善することができます。

例えば、候補Bで1週間の計画を立てた場合、金曜日に物理・化学の勉強の時間が取れなかったとしても、日曜日にその分を勉強することでカバーできます。

しかし、候補Aの場合は2時間分の勉強をどこかの曜日で追加でやらなければいけません。すでに1日の大部分を勉強時間に充てているので、大きな負担になります。どこか1日に無理に詰め込むと、その日の本来の予定が遂行できず、また次の週にも影響が出て……というように悪循環になってしまいます。または、無理をして追加で勉強をして、その結果体を壊してしまう可能性にもつながります。

計画を立てる際は、ついつい完璧にやろうとしすぎて自分ができる限界の勉強時間を設定してしまいます。

しかし、それでは少し体調を崩しただけで計画が大きく崩れてしまい、修正することも困難になります。長期間にわたり勉強し続けることになるので、体調が良い日も悪い日もあることを想定しておく必要があります。

そのため、ある程度余裕のある計画を立てて勉強を進められるようにしましょう。

なお、本来は「物理3時間」の内容ももっと細かく分解し、どのタイミングでどの科目を行うのか、そしてどの頻度で休憩をするのかなどを決めるべきなのですが、今回は「日曜日の使い方」に着目しているため、詳細は割愛しています。

POINT

1日ごとの計画はゆとりを持って立てる

まとめ

ここまで4つのクエスチョンを用いて勉強計画を立てていきました。最後に、ポイントをおさらいします。

①計画はできるだけ細かく分解する
②まずは伸びしろの大きい苦手を克服することから始める
③中間目標は中間値を少し超えたところに設定する
④1日ごとの計画はゆとりを持って立てる

試験日が決まっている受験の計画を立てる場合は、本番までの時間を確認し、目標と現在地点の間を埋めるためにできることを考えることが重要です。資格試験など、あらかじめ本番の日が決められているものも同様ですね。

これが計画立ての基本になるので、次は活用の場として最も多いであろうビジネスの場面を想定して計画について考えていきます。

02

仕事の計画、どのように立てる？

次に、仕事を行う上での計画について考えてみましょう。

ここでは例として、社員２００人ほどの中規模の企業を想定します。あなたはその中の営業部署に所属しており、営業成績を上げるための計画を練ることにします。

ここでも、本章の冒頭で述べた3ステップの流れを活かしつつ、応用しながら進めてみましょう。

STEP1　ゴールを定める……適切な「期間」を設定する

まず、STEP1の**「ゴールを定める」**にあたって、先ほどの受験の問題とは違う考え方が1点必要です。それは**「期間」**です。

つまり、目標をいつまでに達成するのかを第一に定めることが重要になります。

先ほどの受験勉強の例では、この期間を自分自身で定める必要はありませんでした。理由はシンプルで、受験ははじめから本番の日が決まっているからです。限られた時間の中でどのようにその時間を分解してやることを決めていくかが、受験勉強の計画においては大事なポイントとなっていました。

しかし、**今回は「期間」から自分で決めることになります**。

目標達成までに何年かかっても問題はないのですが、成長の遅いメンバーは会社にとってプラスとならない可能性が高いです。そのため、決算や定例会、会社内での会議や社外イベントなど、何か明確な日にちを決め、その日にちまでの計画を立てることが求められるでしょう。

社会人の方であれば日々当たり前のように行っていることかもしれませんが、筆者はこれが数値化を用いた計画力の応用編だと考えています。

「学校」や「受験勉強」という環境は、最初から「終わり」が設定されています。その枠組みの中で培った計画設定力・計画実行力があれば、今度は「自ら終わりを設定する」という**自由度の高い環境においても基礎を活かすことができる**のだと思います。

ここでは、4月からこの計画をスタートし、9月末の会社全体での中間報告においてのゴールを定めることとします。

期間が決まったら、具体的な目標を決めましょう。

繰り返しになりますが、ここで大事になるのは、やはり「数値」です。闇雲に「営業実績を上げる！」「売り上げを伸ばす！」と目標を立てるのではなく、「2倍にする」「50％増加させる」などの数値を伴った目標にすることが達成につながります。

先ほど、期間は中間報告までと定めたため、今回は**「9月末までの半年間で、個人営業にて自分が担当している顧客の数を100件増やす」**というゴールを個人の達成目標とします。

こうしてまずゴールが設定できました。

この目標に対して仕事を進めていくのですが、ビジネスの場において最も重要になるのは次のステップである**「現在地を知る」**ことです。

STEP2 現在地を知る……現状を構成する複数の要素を全て把握する

なぜビジネスにおいて「現在地を知る」ことが最も重要かというと、受験勉強や資格の勉強に対し、**ビジネスにおいては「自分一人で完結できることが圧倒的に少ない」**からです。

勉強であれば、自分の不足した能力を補うことを考えるだけで目標に近づきます。

ところが、ビジネスには自分だけでなく部署の仲間、上司、会社という組織、そして何より顧客の存在があります。

複数の対象がどのような状態にあり、現状が出来上がっているのか。**物事を「絶対」ではなく、何かと比較する「相対」で把握することは非常に重要**です。

とはいえ、現状を考えるときも「徹底的に数値化を行う」ことには変わりありません。

ここで真っ先に確認する数値は、やはり「直近の顧客数の増減」です。

例えば、前年度の顧客数と現在の顧客数を比較することで、どれだけ増加しているか、あるいは減少しているかが分かります。今回の場合は、目標を達成するための期間を半年間で設定しているため、確認するデータも直近の半年間のものが望ましいでしょう。

仮に、前年度10月時点（半年前）の顧客数が460件、そして4月現在の顧客数が500件だとします。このデータからは、直近半年間で顧客数が40件増加していることが読み取れます。

つまり、「顧客数を100件増やす」という目標に対しては、従来よりも2・5倍のスピードで顧客を獲得できるように営業を行う必要がある、と推測できます。

なお、ここでは割愛しますが、実際にデータをとる際は前年度4月から前年度9月までの半年間のデータなど、条件の近いデータも集めるといいでしょう。

ところが、**現在地の把握は、実はこれでは不十分なのです**。

営業部署での主な業務は、新しい個人や法人に自社の商品を営業し、自社の顧客となってもらうようにコミュニケーションを取ること、つまり、新規顧客を獲得することです。

しかし、一度顧客になってくださった個人や法人の方は、この先も一生ずっと顧客であり続けるのでしょうか?

もちろんそんなことはありませんよね。商品やサービスに不満があったり、会社同士でのトラブルがあったり、事業内容が変わったりするなど、さまざまな理由でこの契約が解除されるケースが存在します。

つまり、一見すると「顧客数の増加量＝新規顧客数」というふうにみえて、実際は、

【顧客数の増加量 ＝ 新規顧客数 − 契約を解除した顧客数】

という式になるのです。この式が見えるかが、今回の数値化の肝になるでしょう。

人が計画を立てるときは、なぜか「右肩上がり」の計画しか立てないことが多いです。もちろん自分のモチベーションのために、うまくいく未来を想像することは大切です。

しかし、**より現実的な成功を目指すのであれば、立ちはだかりうる障害も想像すべきです。**

「目標達成を阻害するファクターはあるのか?」

「それはどのくらいの確率で発生しうるのか？」

数値化力が身につき、数字をより客観的に見ることができるようになれば、それらを見つけることも容易になるでしょう。

ちなみに、「人はなぜ右肩上がりの計画を立ててしまうのか」については、これにもれっきとした理由があります。第5章で詳しくご紹介します。


契約を更新するかどうかという新しいポイントを確認した上で、もう一度過去のデータを整理します。

直近半年の顧客数の増加量は40件でしたが、詳しく調べてみるとその内訳は、

新規顧客数：100件
契約を解除した顧客数：60件

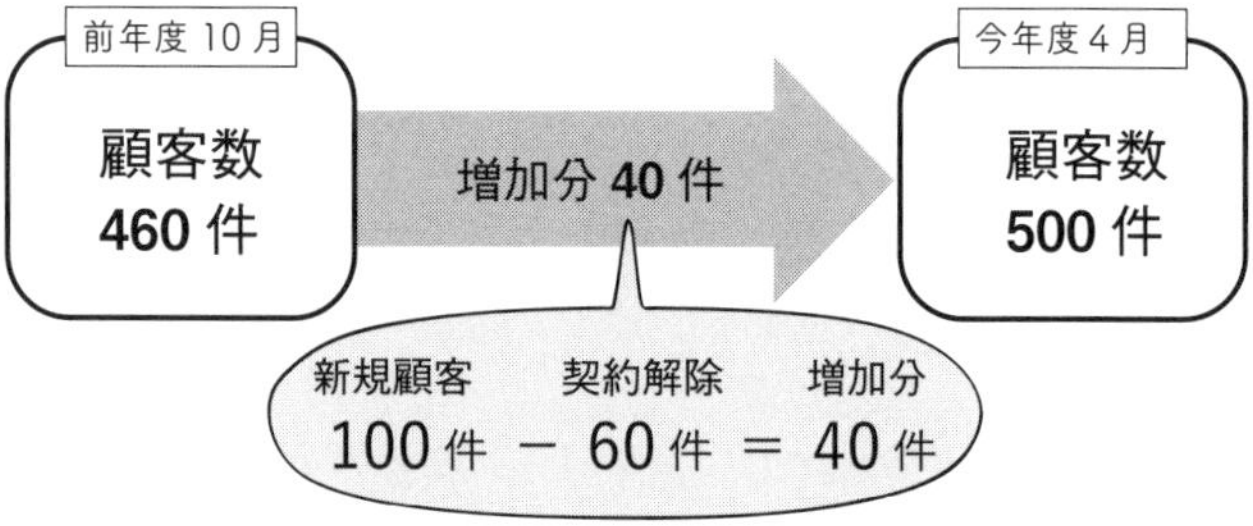

「増加分」の内訳を分解し、より細かく現在地を見る

となっていました。ここまで現状を分析できて、初めて「現在地を知る」と言えるでしょう。

実際の現場では、他の社員の成績や他社と比較してどうかといった、もっと綿密な分析が行われると思いますが、ここでは「数値化」の考え方に特化するため割愛させていただきます。

STEP3　方法論を考える……タスクを分解して顧客数を増やす

データが揃ったので、最後のステップである「方法論を考える」フェーズに移っていきます。

方法論を考える上で大事になるのは、**「ゴールと現在地の差を埋める」**ことです。

先ほどの受験勉強の例でもあった通り、この差は分解されていればされているほど埋めやすくなります。

「営業成績を100件増やせ！」というより、「新規顧客数を◯％増加して、契約を解除した顧客の割合を◯％減少させることで、成績を◯◯件アップしろ！」というふうに分解することが重要です。

その上で、まずは顧客数を100件増やすための方法を具体的に考えていきましょう。

Question①

顧客数を１００件増加させるためには、
どちらの内訳の方が実現しやすいでしょうか？

候補A
新規顧客数：１００件
契約を解除した顧客数：０件

候補B
新規顧客数：１５０件
契約を解除した顧客数：50件

候補Aは、新規顧客を１００件獲得し、１件たりとも既存の契約を解除させないことで、顧客数１００件アップを達成する方法論です。

直近半年間で獲得した新規顧客数は同じく１００件であるため、据え置きで達成することができます。

その代わり、契約を解除した顧客は直近半年間で60件あったところを半年間で０件にしなければならないので、こちらはとても大変でしょう。

候補Bは、新規顧客数を50％増加させ、契約を解除される顧客を10件減らすことができれば顧客数１００件アップが達成できるという方法論です。

「新規」へのアプローチも、「既存」の顧客へのアプローチも両軸で行わなければならない点が難しいポイントだと言えるでしょう。

この2択であれば、筆者は候補Bの方が望ましいと考えます。

理由は、**「契約を解除した顧客数」を０件にすることの難しさ**にあります。

前提条件から、既に契約している顧客は現在５００件。直近半年間で、４６０件のうち60件、つまり13％近くの顧客が契約を解除していたところを、**割合を減らすどこ**

ろか0％にすることは非常に困難です。

先ほどの例でも挙げましたが、学校のテストでも50点から60点に10点点数を上げることは容易なのに対して、90点から100点にするのは非常に難しい作業です。

そのため、仮に新規・既存の両軸のアプローチが必要だとしても、候補Bの方が現実的と思われます。その上で、新規顧客数を増やし、契約を解除する顧客が少なくなるような施策を考えていきましょう。

POINT

割合が極端になればなるほど、成立は難しくなっていく

Question②

新規顧客数を100件→150件にするためには、どのアプローチが最も実現しやすいでしょうか？

候補A：アポイントメントの件数を1・5倍にする

候補B：アポイントメントの成功率を1・5倍にする

候補C：アポイントメントの件数を1・25倍、アポイントメントの成功率を1・2倍にするそれぞれパーセンテージで表すと、「アポ件数を50％増やす」「アポ成功率を50％増やす」「アポ件数を25％、アポ成功率を20％増やす」と言い換えられます。

結論から先に話しますが、**筆者は圧倒的に候補Cが良いと考えます。**

この数値だけ見ると、候補A、Bは「50％増加」なのに、Cは「25％＋20％＝45％」しか増加せず、懐疑的に見る人の方が多いかもしれません。

候補Cが良いと言える理由は、新規顧客数の式が次のように表せるからです。

【新規顧客数 ＝（アポイントメントの件数）×（アポイントメントの成功率）】

仮に、アポの成功率を20％と仮定しましょう。つまり、アポを１００件とって、成功率が20％なら、獲得できる顧客は20件になります。

これに対してアポが50％増加して１５０件になれば、アポが増えた分だけ獲得顧客数も増加し、30件になります（候補A）。反対に成功率が50％増加すれば、成功率は20％から30％になりますので、新規顧客数は候補Aと同様に30件となります（候補B）。

これが、候補A、候補Bを例に合わせて表した結果です。

では、候補Cはどうなるのか。
まず、変化前が100件であるアポイントメントの件数が25%増加すると、125件

新規顧客数
＝アポの件数 × アポの成功率

●現状の新規顧客獲得数

100 件 × 20% ＝新規顧客数 20 件

●候補 A の新規顧客獲得数

150 件 × 20% ＝新規顧客数 30 件

●候補 B の新規顧客獲得数

100 件 × 30% ＝新規顧客数 30 件

■候補 C の新規顧客獲得数

・アポ件数 100 件 ×1.25＝125 件

・元々の成功率 20%× 増加分 20%

＝ 20%×1.2

＝ 24%

125 件 × 24% ＝新規顧客数 30 件

新規獲得数はいずれも同じ

になります。そして、元々20％であった成功率が20％分増加すると、24％の成功率になります。

　よって、アポ件数の増加とアポ成功率の増加によって獲得できる新規顧客数は、125件×24％＝30件となるのです。

　アポ件数およびアポ成功率のいずれも候補A、Bほど上昇させなくても、**候補A、Bと同等の成果が導き出せる計算になるため、候補Cが最も実現しやすい**と言えるでしょう。

　今回のアポの件数とアポの成功率は、掛け算をすることで新規顧客数が導きだされました。

　このように、**「何かと何かを掛け合わせて数値が表されている場合」は、どちらかだけでなく、分解したそれぞれの数値両方に対してアプローチをすることで、より数値を上昇させやすくなる**こと

$10\times10=100$

$12\times10=\underline{120}$　　$11\times11=\underline{121}$

「12+10」「11+11」の和はどちらも「22」だが、
かけ算の結果は「11×11」の方が「1」多くなる

〈式〉 $11\times11=(10+1)\times(10+1)$

$=10\times10+10\times1+10\times1+1\times1$

$=100+20+1$

増加分同士の計算が加わる

があります。ここでも、数値化は非常に役に立っているのです。

ここまでの計画を整理すると、

目標「9月末までの半年間で、

個人営業にて自分が担当している顧客の数を100件増やす」

方法①「顧客数100件増加＝新規顧客数150件－契約を解除した顧客数50件」

方法②「新規顧客数＝（アポイントメントの件数）×（アポイントメントの成功率）」

というふうに細かく分解していきそれぞれの上昇率を設定する、という流れで方法論を考えることになります。

ここまで数値化を用いて分解してみると、実現可能性があやふやだった目標に対してのアプローチが明確になったことが分かるでしょう。

POINT

2つの要素の掛け合わせで成り立つものは、両方へアプローチすることで数値を上昇させやすくなる

第3章のまとめ

ここまで読んでくださった方は、計画において重要なポイントとして、「必要な数値を洗い出すこと」と、「その数値を分解すること」の大きく2点が挙げられることが分かっていただけたでしょう。このように実現可能な方法論を考えることで、目標は達成しやすくなるのです。

ここまで分解したら、あとは実際に日々の仕事に取り組むだけですが、取り組む上で非常に重要なことがあります。

それはズバリ、**いかに計画を正しく、そして的確に「修正」できるか**です。

どんな優秀な計画を立てても、その計画通りに行かないことはもちろんあります。むしろ、うまくいかないことがほとんどでしょう。もし立てた計画が全て実行されるのであれば、世の中は東大生やプロスポーツ選手で溢れてしまいます。

では、計画がうまくいかないときはどうすれば良いのでしょうか。

ポイントは次の2点です。

①バッファを設ける
②計画を定期的に見直す

まずは、計画通りタスクをこなすことができなかった際の「バッファ」、つまり「ゆとり」や「余裕」をあらかじめ作っておくことです。これは、受験勉強の例でもお伝えしましたね。

週の最終日は「今週出来なかったこと」をまとめてやる日にするなど、計画を詰め詰めにせずに修正可能なものにすることが重要なのです。

また、計画を立てる際に気を付けなければならないのが、**「立てて満足する」**ことです。これは、丁寧に計画を立てる真面目な人ほど陥りやすい状態です。

計画を立てることは非常に重要ですが、それで何かゴールに向けて近づいたわけではありません。

立てた計画を有効利用しないのであれば、計画を立てる時間を勉強や仕事をする時間に充てた方が効率は良いのです。**その時間を犠牲にしてまで計画を立てたのであれば、それを定期的に見返して、できていないところ、うまくいっていないところは逐一改善する**ようにしましょう。

筆者は受験生の頃、夏休みの勉強計画のルーズリーフを3回修正しました。つまり、夏休みの計画表が4枚残っているのです。

このくらいのペースで計画をアップデートし、今やるべきことが常に出来ている状態を作れると、よりスムーズに物事を進められるでしょう。

ビジネスでもスポーツでも勉強でも、**結果を残せている人が優れている点は、「修正」する力**なのです。

さて、ここまで計画を立てて実行し、修正する一連の流れについて、受験勉強や仕事などのさまざまな具体例を出しながら説明していきました。

第2章の「日常の場面での選択を数値化する」内容とは全く違うもののようにみえ

て、「数値を分解する」「数値の意味を深掘りする」など、数値化で共通する重要なポイントもいくつかあったのではないかと思います。

ここまで読んでくださった方は、数値化に対する抵抗力が徐々になくなってきているでしょう。

次の第4章では少しレベルが上がり、「人間の心理に反する数値」ということで、一筋縄ではいかない違和感のある数値にどう対処するかについて問題形式で説明していきます。

ここまでで培った数値化力の土台を用いて、さまざまな数値を扱う力を伸ばしていってください！

第4章

人間の心理に反する数値

イントロダクション

ここまで、さまざまな事象について「数値化」を考えてきました。

日常に溢れる2択の選択で数値化を用いたり、計画を立てる際に数値化を最大限活用して合理的な判断ができるようにしたり、多くのシチュエーションで数値化が重要であるとお分かりいただけたと思います。

ここからの第4章では、少し指向を変えて、**「人間の心理に反する数値」**を取り扱っていきます。

第1章で「同じ誕生日の人がクラスにいる確率」の話をしたことを覚えていますか？

365日ある中で全く同じ日に生まれたペアがいることは一見とても珍しいことにみえますが、実は、**30人クラスであれば約7割の確率で同じ誕生日の人がクラスに存在します**。「7割」という数値に違和感を抱くかもしれませんが、客観的に数値だけを見ればこれが事実です。

「思い込み」と「数値」のズレがどの程度のものか、実際に計算して見てみましょう。

「同じ誕生日の人がクラスにいる確率」を正攻法で計算するのは、実はとても大変です。

なぜなら、「誰と誰が」「何人」「何組」同じ誕生日なのかの指定が全くないからです。

筆者の誕生日は8月15日なのですが、小学4年生の頃、クラスに自分と同じ誕生日の人が2人いました。この場合、「4年2組には8月15日が誕生日の生徒が3人いる」ということになります。

また、これは筆者の話ではありませんが、1つのクラスの中に誕生日が同じペアが2組、3組と複数いる可能性も十分に考えられます。

このようにいろいろなパターンを考えると、「1組で3人被っているパターン」「2組被っているパターン」「3組被っていて、そのうち2組は2人が、1組は3人が同じ誕生日なパターン」というふうに無限に出てきて、これを全て足し合わせなければいけなくなるのです。

これは、どれだけ数字に強い人、数値化力の高い人でも非常に困難なことでしょう。

ここで活用されるのが、**「余事象《よじしょう》」という概念**です。

「余事象」とは、確率における用語の一つで、高校1年生の数学の学習指導要領に含まれています。その名前の通り、「余りの事象」つまり**「ある場合以外」の事象のこと**であり、例えばサイコロを1回振って「4以上の目が出る確率」に対して、その場合以外、つまり「3以下の目が出る確率」が余事象となるのです。

この例でもわかる通り、元々の事象と、余事象を合わせると全ての事象を表すことができます。ゆえに、次のような計算が成立します。

【(求める事象が起こる確率)=1−(余事象が起こる確率)】

この考え方は、求めたい事象の確率を求めるのが困難な場合に用いられます。

例えば簡単なもので、「サイコロを2回振って、出た目の合計が3以上である確率」を求める場合を考えてみましょう。

サイコロは1から6までの出目があるため、2回振ったときの出た目の合計は一番小さくなる時が「1+1」で「2」となり、一番大きくなる時が「6+6」で「12」となりますね。

つまり、この確率をそのまま求める場合は、出目の合計が「3」である確率から、

「4」になる確率、「5」になる確率、「6」になる確率……と順番に求めていき、最終的に「12」になる確率まで求めて、それを全て足し合わせる必要があるのです。
これは非常に大変ですよね？

ここで登場するのが「余事象」の考え方です。

この場合の「余りの事象」は**「サイコロを2回振って、出た目の合計が3以上ではない確率」、つまり「2以下」になる確率**となります。よって、出目の合計が「2」になる確率だけを計算すれば良いのです。

この計算は、今回のキーポイントではありませんが、簡単にできるので一度やってみましょう。

出目の合計が2になるのは、サイコロの出目が2回とも「1」になる場合のみであるから、サイコロを振って1の出目が出る確率を2回かけ算すれば求めることが

「余事象」の考え方の例

●「求める事象」… サイコロを2回振って、出た目の合計が「3以上」である確率

●「余事象」… サイコロを2回振って、出た目の合計が「2以下」になる確率
＝
出た目が「1」と「1」のときのみ

できます。計算すると余事象が起こる確率は$\frac{1}{36}$であることが分かるため、これを先ほどの式に代入すると、「サイコロを2回振って、出た目の合計が3以上である確率」は$\frac{35}{36}$となります。一見とても大変そうにみえる確率計算を、簡単に行うことができるのです。余事象とその有用性について理解していただいたところで、本題に戻りましょう。

今回の「同じ誕生日の人がクラスにいる確率」の余事象は、**「クラスの全員が、他のクラスメイトの誰とも違う誕生日である確率」**ということになります。

この事象の確率を計算する方法を考えてみましょう。計算を分かりやすくするために、この学年は閏《うるう》年生まれではないものとします。

「余事象」を使った確率の求め方

（求める事象が起こる確率）＝１－（余事象が起こる確率）

●余事象…出目の合計が２になる確率

$$\frac{1}{6} \times \frac{1}{6} = \frac{1}{36}$$

●求める事象…サイコロを２回振って、出た目の合計が３以上になる確率

$$1 - \frac{1}{36} = \frac{35}{36}$$

30人のクラスの全員が違う誕生日ということは、1人ずつ順番に考えてみると、1人目は「指定なし」、2人目は「1人目と違う誕生日ならOK」、3人目は「1人目、2人目と違う誕生日ならOK」、4人目は……となっていきます。

それぞれの確率と計算式は、下の表にまとめています。この数の計算はさすがに手計算では大変すぎるので、エクセルや電卓に任せてみましょう。すると、このかけ算の結果は、「0・29368375…」となります。

つまり、**「クラスの全員が、他のクラスメイトの誰とも違う誕生日である確率」は30％を下回っているの**です。

●1人1人の確率

1人目：1（何月何日でもOK）

2人目：$\frac{364}{365}$（365日のうち1人目の誕生日以外の364日が全てOK）

3人目：$\frac{363}{365}$（365日のうち1〜2人目の誕生日以外の363日が全てOK）

4人目：$\frac{362}{365}$（365日のうち1〜3人目の誕生日以外の362日が全てOK）

⋮

30人目：$\frac{336}{365}$（365日のうち1〜29人目の誕生日以外の336日が全てOK）

■クラスの全員が他のクラスメイトの誰とも違う誕生日である確率

$$1\times\frac{364}{365}\times\frac{363}{365}\times\frac{362}{365}\times\cdots\cdots\times\frac{336}{365}=0.29368375...$$

これが、もともと求めようとしていた確率の余事象となるため、**「同じ誕生日の人がクラスにいる確率」は70%を超えている**という事実が確認できました。

いかがでしょうか？　最初に問題と答えだけを見た時の感覚と、計算の結果で導き出された数値を見た時の感覚には大きなズレがあるのではないでしょうか。

このように、確率は人間の直感と異なる場合があります。

これは「誕生日」という非常に身近な例でしたが、天気予報やお金の計算など実用的な部分でもこのような「人間の心理に反する数値」は登場します。

そんな数値に騙されないようになるためにも、この章で**「思い込みではなく論理的に考える数値化力」**を身につけていきましょう！

同じ誕生日の人がクラスにいる確率

1－0.29368375...
＝0.70631624...
＝約70％

計算により導き出すと感覚とのズレが顕著になる

01

100回に1回当たる「ガチャ」、100回引けば確実に当たる？

先ほど例に挙げた「余事象」の考え方を実践でき、かつ、身近なところで出くわしやすい問題から考えてみましょう。

皆さんは、「ガチャ」を引いたことはありますか？

ガチャとは、一定の確率で当たりが出るもののことを指し、くじ引きなどとも言われます。代表的なものでは、1等の当たりを引くことができれば何億円もの賞金がもらえると言われている「宝くじ」などが挙げられます。最近では、スマホゲームでキャラクターやアイテムを入手する手段としても用いられますね。

この「ガチャ」には、それぞれに当たる「確率」というものが定められています。

確率の定義を簡単に説明すると、ある事象が起こる割合のことであり、通常は0から1までの数で表されます。

「10枚中10枚全て当たりのくじを引いて当たりが出る確率」など、「絶対に起こる事象」の確率が「1」で表され、逆に「10枚全てハズレのくじを引いて当たりが出る確率」など、「絶対に起こらない事象」の確率は「0」です。

1から6までの目があるサイコロで考えれば、「1から6までの出目のどれかが出る確率」が「1」であり、「3の目が出る確率」は「$\frac{1}{6}$」、「7の目が出る確率」は、「7の目」が存在しないため「0」となります。

この確率について、今回は「100回に1回当たるガチャ」を考えてみましょう。

ここまで説明した通り、1回引いて当たる確率は「$\frac{1}{100}=1\%$」になります。スマホゲームなどでは「提供割合1%」といった表記になっているかと思います。

では、100回引いたときの当たる確率はどうなるのか。

第2章と同じように、問題を用いて考えていきましょう。

Question

1回500円で引けるガチャがあります。

当たると最先端のお掃除ロボットがもらえるようです。

当たる確率は1%で、確率は1回ごとにリセットされるとします。

あなたが5万円を使ってこのガチャを100回引いたとき、当たる確率は次のうちどちらになるでしょうか？

A：1回ごとに当たる確率が1%であるため、
100回引いたら「1%×100回」で100%の確率で当たる

B：1回ごとに当たらない確率が99%であるため、
100回引いても必ずしも当たるわけではない

解説

この問題文と選択肢を見ると、答えは想像しやすいかもしれませんね。

ポイントは、「確率は1回ごとにリセットされる」という点です。つまり、**このガチャは100回引いても必ず当たりが出るという保証はない**ということです。

ですから、**答えは選択肢B**の方になります。

商店街の福引などのように、箱の中にくじが入っていて、それを1つずつ引いていくというシステムであれば、箱の中のくじを全て引き切ることができれば必ずどこかのタイミングで当たりを引くことができますが、今回はそうではありません。

なぜそうなるのか、そして具体的に100回ガチャを引けばどのくらいの確率で当たりが出るのかについて、「余事象」の考え方を用いながら求めてみましょう。

このガチャを1回引いて当たる確率は、問題の条件の通り「1%」です。しかし、2回引いて当たる確率は実は2%にはなりません。

詳しく計算してみると、2回引いて当たる確率は、「2回とも当たる」事象と「1回当たって1回外れる」という事象の合計となります。

計算すると0・0199、つまり1・99％となります。ほんのわずかな差ではありますが2％には届かず、これが10回、20回になると大きく変わってくるのです。

ちなみに、この確率も余事象を使って求めることができます。この場合の余事象は、「2回とも外れる」という事象になります。このガチャを1回引いて当たらない確率は99％ですから、これを用いて計算すると1・99％となります。この結果から、そのまま計算しても余事象を計算しても同じ答えになることが分かりますね。

では、この考え方を応用して、100回

ガチャを2回引いて当たりが出る確率

●くじが2回とも当たる確率

$0.01 \times 0.01 = 0.0001$

●くじが1回当たって1回外れる確率

$0.01 \times 0.99 \times 2 = 0.0198$

合計：$0.0001 + 0.0198 = 0.0199$

■余事象による計算の場合

「2回とも外れる」事象の確率：$0.99 \times 0.99 = 0.9801$

$1 - 0.9801 = 0.0199$

引いた場合を考えてみましょう。

先ほどの考えを応用すれば、「100回引いて当たりが出る」事象は、「100回当たる」事象、「99回当たる」事象、「98回当たる」事象というふうに非常に多くのパターンがあります。

これを余事象を使って、

【100回引いて当たりが出る確率
＝1－（100回連続で外れる確率）】

と表すことで、計算を簡単にするのです。これを計算で求めると、約63％という結果になります。

つまり、**100回ガチャを引いても3分の1以上の確率で全て外れてしまうことがあるのです**。これは非常に恐ろしいことですね。

近年、ネットやSNSアプリなどで、スマホゲー

100回引いて当たりが出る確率

（100回引いて当たりが出る確率）
＝1－（100回連続で外れる確率）

●100回連続で外れる確率… 0.99^{100} ＝ 0.3660...

■100回引いて当たりが出る確率

1 －0.3660＝0.6340　　約63％

100回ガチャを引いても3分の1以上の確率で外れてしまう

ムの有料のガチャに「沼《ぬま》る」という言葉がよく用いられます。

基本的にスマホゲームは際限なく課金ができる設定のものが多いため、限定イベントやキャンペーンなどで登場したキャラクターをガチャで引き当てるために多額の課金を行い、それでも当たりがなかなか出ない、という状態を「沼る」と表します。

このように「沼った」ときに、「どうして何度引いても当たらないのか」「こんなに当たらないのはおかしい」「運営が不正をしているのではないか」という声があがることがあります。

ところが、数値化をしてみると紛れもない事実であることが浮かび上がるのです。

確率1％のガチャを100回引いても必ずしも当たるわけではないという事実も残酷ですが、もっと怖いのは、「200回引けば当たるわけではない」ということです。

余事象の考え方を用いて引き続き考えてみると、

200回連続で外れる確率：約13・4％
300回連続で外れる確率：約4・9％
400回連続で外れる確率：約1・8％

このように、わずかではありますが何回引いても連続で外れ続ける確率は存在します。極端な話をすれば、1万回連続で外れる可能性だってあるのです。

約13・4％というのは7～8人に1人、約1・8％というのは、50～60人に1人ほどの確率です。ガチャの恐ろしさは数値化するとより顕著になりますね。

計算に苦手意識を持っている人は多いと思いますが、基本的な計算をマスターするだけで、そしてそれを嫌がらずに行うだけで、世の中の見え方は圧倒的に変化します。

そして、自分のイメージとは異なる数値、あまり実感のわかない数値に惑わされなくなります。確固たる判断を行うためにも、引き続き確率などの数値を扱った問題に取り組んでみましょう。

7～8人に1人は200回連続でガチャを引いても当たらない

Column

リターン（期待値）の考え方

今回のガチャの計算を通して、「じゃあ100回に1回当たるというのは嘘なのか？」と疑問に思った人もいるでしょう。

確かに、100回に1回当たるという確率を1％と表記しているのに、実際に100回以上引いても当たらない人がいる、というのは納得がいかない気持ちも理解できます。

ここで重要になるのは、「期待値」という考え方です。

期待値とは、その事象で確率的に得られる値の平均値のことを表します。

例えば、1回ガチャを引いて当たる確率は1％であるため、1回ガチャを引いて当たる回数の期待値は「0・01」となります。ここまでだと、確率との違いが分かりにくいかもしれません。

続いて、2回ガチャを引く場合を考えてみましょう。

2回ガチャを引いて当たりが出る確率は149ページで計算した通り0・0199、つまり1・99％でしたが、当たる回数の期待値は0・02となります。ここに差が生じる理由は、「2回連続で当たる」可能性が存在するからです。

期待値の計算方法は、「（確率変数×確率）の総和」です。言葉にするととても難しく感じられますが、この問題であれば「2×2回連続で当たる確率＋1×1回当たる確率」という計算になり

ます。実際に計算してみると、

期待値＝2×0・0001＋1×0・0198＝0・02

このように0・02となることが分かります。回数が増えるにつれこの計算はどんどん複雑になりますが、常に期待値は「引いた回数×0・01」という値になるのです。

この期待値の考え方は、ビジネスで非常に役に立ちます。

例えば30％の確率で成功する賭けにベットできるかどうかは、確率だけを見るのではなく、成功と失敗それぞれの自分への影響を評価してリターンを計算することが重要になるのです。

この期待値の考え方はこの先の第4章のさまざまなクエスチョンでも登場するので、押さえておきましょう。

02

降水確率0%なのに雨が降る…?

皆さんは出かける前に天気予報をチェックしますか? おそらく多くの人がその日の天気や降水確率などを確認して、「今日は雨が降りそうだから傘を持って行こう」「今日は夕方少し降るかどうかくらいだから折り畳み傘で大丈夫だ」というように傘を持って行くかどうかを考えているでしょう。

しかし、このような経験をしたことはありませんか?

「降水確率が30%だったから、降らないだろうと思って傘を持って行かなかったが、帰り道に雨に降られてしまった」

「降水確率が80%と出ていたので、その時点で雨は降っていなかったけれどもこれから降るのだろうと思い、傘を持って行ったが、結局その傘は使われなかった」

皆さんも一度はこのように天気予報に翻弄されてしまった経験があるでしょう。筆者も非常によく経験しています。多くの荷物を持って移動するのを極力避けたいので、降水確率が高めの日だとわかっていても傘を持たずに家を出てしまうことがあります。そして、そういうときに限って雨に打たれてしまうのです。

少し脱線してしまいましたが、この天気予報にも「数値化」が隠されています。情報に振り回されないように、自分自身でその数値を判断する必要があるのです。

まずはこちらの問題を見てみましょう。

Question

朝、天気予報を見ると、１時間ごとの降水確率が発表されていました。その数値は次の通りでした。

９－10時：０％
10－11時：０％
11－12時：10％
12－13時：20％
13－14時：10％
14－15時：10％

しかし実際の天気は、１日中雨で、９－15時まで一度も止むことなく雨が降り続いていました。

この場合、天気予報は「外れた」と言えるでしょうか。それとも、言えないでしょうか。

理由も合わせて考えてみましょう。

解説

直感的に考えれば、おそらく多くの人が「天気予報が外れた」と考えると思います。理由としては、降水確率が0％であるはずの9－11時の時間帯も雨が降り続いていたから、と考えるのが自然ですね。

しかし、**実はこれは「外れた」とは言えない**のです。その理由は、大きく分けて2つあります。

1つ目は、**「降水確率」の定義**です。

実は、降水確率とは「予報区内で一定の時間内に降水量にして1mm以上の雨または雪の降る確率（％）の平均値」と気象庁によって定義されています。つまり、9－10時の間に降った雨が例えば0・5mmくらいであれば、それは「降水」したとは捉えられないのです。

今回のクエスチョンにおいては、それぞれの時間にどのくらいの雨が降ったかに関しては言及されていません。つまり、1mm未満の雨であった可能性も残されているため、予報が外れたかどうかは判断できないと言えます。

2つ目の理由は、**0%という言葉の定義**です。

天気予報の降水確率は、10%刻みで表示されています。テレビやスマホアプリなどで天気予報を見る際に、「降水確率23%」「降水確率76%」のような1%刻みの降水確率に遭遇した人はいないでしょう。

降水確率は、過去のデータなどから気圧の動きを分析し、その先の流れを予測して雨が降る確率を計算しているため計算段階では細かな値が出ているのですが、それを分かりやすく伝えるために四捨五入して10%刻みで表しているのです。

このように考えると、**「降水確率0%」が実際には「降水確率0%以上5%未満」であることが分かる**でしょう。

こうなると、そもそも「外れる」という定義自体を考え直す必要が出てきます。表示されている「降水確率0%」が真の「0%」ではないということは、0%であっても100%であっても「絶対」は存在しないことになります。

つまり、このクエスチョンの状況設定において、降水確率0%となっている10－11

時の間に、「10時半ごろ一時的に雨が強まり、1時間あたり10mm程度と推定される雨が3分ほど降った」という事象が起こる可能性も否定できません。1時間あたり10mm程度の降雨は、地面に当たり跳ね返った雨で足元が濡れるくらいの量です。これも、「一定の時間内に降水量1mm以上の雨や雪が降る」という降水の定義を考えると理解できます。

今回の場合は1時間ごとの降水確率ですので、「1時間の間」に雨が1mm以上降った場合が「降水」と認められます。

「1時間あたり10mm程度の雨が3分降る」ことによる降水量を計算すると、0・5mmとなります。

よって、**他の時間帯で降った雨量の少なさによっては、10－11時の間の合計雨量が1mmを下回ることがあり得る**のです。

「降水確率0％の時間帯に雨が降る」とは…？

「降水確率0％」

＝1時間に降水量1mm以上の雨・雪が降る確率が0％以上5％未満

●「1時間あたり10mm程度の雨が3分降る」ことによる降水量

$$10\text{mm/h} \times \frac{3}{60}\text{h} = 0.5\text{mm}$$

降水確率が0％だったのに強い雨が降ってきた、という事象が起こった場合、間違いなく「天気予報が外れたんだ」と思うでしょう。

しかし、数値化を意識して考えてみると、**「降水」の定義の複雑さ**、そして**表示されている確率の脆《もろ》さ**を認識できたのではないでしょうか。

このように、**一般に向けてわかりやすく示されている数値の中には、簡略化されたものや定義の認識が十分でないものも含まれます。**食料品における「カロリーゼロ」「アルコール0％」といった表記もその一例です。

今度から天気予報を見る際には、この確率の真の意味はどうなのか、という視点を持ってみてください。そうすると、数値に騙されずに合理的な判断ができるようになります。

Column

1mmの降水ってどれくらい？

今回の降水確率の話では、「1mmの降水」という雨量がキーポイントとなっていました。

この問題を解きながら、「1mmの降水ってどのくらいなんだろう？」と考えた人も少なくないと思います。作業用BGMの一種として、「1mmの雨の音」を流すだけの動画がありますので興味を持った人は是非見てみてください。

筆者は小学生の頃、大雨の定義について自由研究で調べた経験があることをこの項目を執筆しながら思い出していました。

1mm以上で「降水」扱いになることを考慮すると、「強い雨」が1時間あたり20mm以上というのはイメージよりもかなり多い雨量なのではないでしょうか。

このように、テレビなどで何気なく聞き流している「激しい雨」「猛烈な雨」などの言葉にも、数値化されたれっきとした定義があるのです。

他の言葉の定義も調べてみると面白いかもしれませんね。

大雨の定義

（気象庁より）

1時間あたり3mm未満 ……………	弱い雨
1時間あたり10mm以上20mm未満 …	やや強い雨
1時間あたり20mm以上30mm未満 …	強い雨
1時間あたり30mm以上50mm未満 …	激しい雨
1時間あたり50mm以上80mm未満 …	非常に激しい雨
1時間あたり80mm以上 …………	猛烈な雨

03

この割引シール、どれが一番安くなる？

スーパーなどに買い物に行くと、「20％引き」や「100円引き」など、値引きされている商品を見つけることがあります。あらかじめ告知されたセールで割引されている商品もありますが、多くの場合は消費期限の近い商品や、閉店間近のスーパーにある生鮮食品などに割引シールが貼られています。

つまり、このまま売れ残ったら廃棄になってしまう商品に対して、多少利益が少なくなってもお客様に届けたいという思いでお店側が値下げをしているのです。

この仕組みは多くの人が理解しているでしょう。また、その割引シールを狙って買い物をしている方も多いと思います。

この割引について、単純にシールが上書きされていればどのくらい安くなるのかすぐにわかりますが、ときどき複雑になっていることがあります。

単純な「10%引き」というパーセンテージによる割引だけではなく、「レジにてさらに○○引き」という商品もあって、結果的にいくらになるのか分からずにとりあえず「安そうだから」購入している、という人も少なくないでしょう。

しかしそれでは、本来買う必要のない商品を買ってしまったり、もっとお得になる選択肢を逃している可能性があるのです。

きちんと商品の値段を理解して、自分が買いたいかどうかをその場で判断できるように、ここでは値段に対する数値化力を磨いていきましょう。

まずはこちらの問題を考えてみてください。

Question

定価1000円の商品Xがあります。

スーパーでこの商品Xを1個だけ購入するとき、一番商品Xが安くなるのは次の3パターンの値下げのうちどれでしょうか？

ただし、消費税については考えないこととします。

A：商品Xに10％引きのシールが貼られており、
「この時間帯はレジにてさらにお会計価格から20％引き」と
アナウンスされている場合

B：商品Xに200円引きのシールが貼られており、
「この時間帯はレジにてさらにお会計価格から10％引き」と
アナウンスされている場合

C：商品Xに30％引きのシールが貼られている場合

解説

いかがでしょうか。

商品の値段がぴったり1000円なのでまだ複雑な計算にはなりませんが、それでもパッと3択を出されるとどれが一番安いのかが分からなくなるでしょう。

この問題を整理すると、「A：10％引き→20％引き」と、「B：200円引き→10％引き」、そしてシンプルな「C：30％引き」の3種類の中で、一番割引率が大きいのはどれかを考える、ということになります。

結論から話しましょう。パターンA、パターンBが2段階で値引きをされているので、一見パターンCよりも安くなるようにみえます。しかし、**答えはパターンC**なのです。おそらく、多くの人にとって意外な回答だったことでしょう。

実際に1000円の商品Xの値段変化で計算しながら、結果と感覚のズレを調整していきましょう。

パターンAでは、1000円の商品の10％は100円であるため、レジに持って行く前の商品の値段は９００円になります。レジでさらにその20％引きになるため、最終的な商品の値段は７２０円になります。

ここで重要なのは、**レジでの「20％引き」は元々の定価である１０００円に対してではなく、10％割引された後の９００円に対しての計算になるため、割引額が少なくなるのです。**これがこの問題を考えるカギになります。

同様にパターンＢも考えてみましょう。

１０００円の商品に２００円引きのシールが貼られているため、この時点での商品の値段は８００円になります。レジでさらにその10％引きになるため、こちらも同じく最終的な商品の値段は７２０円になり

割引に割引が重なるとどうなる？

●パターンA

・1000 円の 10%引き→**900 円**

・さらに 20%引き→900 円 ×20% ＝**180 円**

900 円－180 円＝720 円

●パターンB

・1000 円の 200 円引き→**800 円**

・さらに 10%引き→800 円 ×10% ＝**80 円**

800 円－80 円＝720 円

ます。

パターンCの計算は、割引が1回しか行われないので非常にシンプルになります。1000円の商品に30%引きのシールが貼られているため、パターンA、パターンBより20円安い700円になることが分かります。割引が1回でも、一番値段が安くなっているのです。


この問題をパッと見て、「10%+20%引き」と「30%引き」の結果が異なることに違和感を抱く人もいるかもしれません。「10+20=30」であるから、直感的にこの2つは同じ意味であるとイメージしてしまいます。

しかし、割合の計算においては元となる数値が大きければ大きいほど、パーセンテージで計算する際に値下げ幅が大きくなります。**割引が複数回行われる場合は、2回目以降の割引はすでに下がっている値段から割り引かれるため、値下げ幅が小さくなる**のです。

具体的に言えば、10%引き後の商品の価格は定価の90%になっているため、その後行われる20%引きは、

$$90\% \times \frac{20}{100} = 18\%$$

となり、実際には定価の18%引きになっていることが分かります。

パターンBでは、1回目の割引がパーセンテージではなく金額で値引きされていますが、これでも2回目の割引率が小さくなるという事実は変わりません。

このように、合計30%分の割引きがされている選択肢では、一括で30%引きになっているものが一番安くなるのです。

割引率だけを見るのではなく、どのくらいの値段になるのか数値化を行って考えることで正確な判断ができるようになるでしょう。

スーパーは、多くの人が日常生活において頻繁に使用する場所です。そしてそこには、多くの数字が溢れています。この数字をうまく扱うことで、お得に生きる術を身につけましょう！

Column

「1割引の2割引」と「2割引の1割引」って同じ？

今回の問題で、パターンAとパターンBは割引後の価格が全く一緒になりました。

パターンBでは最初に商品Xが200円引きされていますが、定価1000円の商品で考えればこれは「20%引」と同じになります。1割=10%ですから、パターンAは「1割引→2割引」の順番で値引きを、パターンBは「2割引→1割引」の順番で値引きをしているのです。

値引きの順番が変わっても最終的な値段は一緒という結果は、皆さんの直感に即しているでしょうか。最初に高い割合で割引がかかる「2割引→1割引」の方が、最終的な値段は安くなるようにみえます。

1割引は、全体の0・1がカットされるため、計算としては「×0・9」を行うことと同じになります。同様に、2割引は全体の0・2がカットされるため、計算は「×0・8」と同じになります。

これを応用すると、「1割引→2割引：0・9×0・8」「2割引→1割引：0・8×0・9」と、かけ算の順序が変わるだけなのです。これが同じ答えになることは、理解しやすいでしょう。実際に計算式で表してみると、どちらが安いか、どちらの数値が大きいかの判断はとても行いやすくなります。迷った時はぜひ頭の中に計算式をつくって、数値化を検討してみましょう。

04

「売上ナンバーワン」に騙されるな!

ここまでは、ガチャの確率、降水確率、割引率と、日常生活に溢れるさまざまな「割合」の問題について数値化で考えてみました。

後半戦では、少しスケールの大きなものの選択や、ビジネスでの数値の扱い方について考えてみましょう。まずは「宣伝広告」についてです。


皆さんは、「売上ナンバーワン」「3部門で金賞受賞」という看板や掲示、広告を見たことがありますか？　さまざまな企業が、自分たちの商品をより効果的に宣伝するためにこのような文言を積極的に使っていますね。

特に近年ではインターネットやSNSの広まりによってネット広告や動画広告を簡単に出せるようになったため、スマホやパソコンなどを使っていれば非常に頻繁にこのような掲示を目にするでしょう。

しかし、それと同時にこのような悩みを抱えたことはないでしょうか。

「どの企業もナンバーワンを主張するから、どう比べれば良いのかわからない」

どんな企業だって、自分たちの良い部分を見せようとします。

そのため、「ナンバーワン」「金賞」といった言葉ばかりが宣伝で用いられ、購入する側にとってはどの観点で選べば良いのかの判断がつきづらくなっているのです。

今回は、「ナンバーワン」という部分について数値化を用いて分解して、合理的な判断ができるようにしていきましょう。

Question

あなたは自動車保険に加入することを検討しており、２社まで候補を絞りました。

①４部門で売上ナンバーワンの保険会社Ａ

②１部門で売上ナンバーワンの保険会社Ｂ

あなたがどちらかの保険に加入する場合、どちらを選びますか？

ただし、条件は次の通りとします。

・保険会社Ａで売上ナンバーワンになっている４つの部門は、「法人部門」「インターネット部門」「短期保険部門」「家族割保険部門」

・保険会社Ｂで売上ナンバーワンになっている部門は、「個人部門」

・「ナンバーワン」の定義は「対象となる部門を取り扱っている全国の保険会社の中で売り上げが一番高い」ということで、それぞれの部門を取り扱っている会社の数は次の通りである

個人部門：４００社　**法人部門：１２０社**

インターネット部門：80社　**短期保険部門：40社**　**家族割保険部門：50社**

解説

見出しの文言だけを見て考えると、4部門でナンバーワンと謳《うた》っている保険会社Aの方が実績のある保険会社であると考えられます。

しかし、ここで一つ考えてみましょう。

この4部門とは、一体どのようなものなのでしょうか。そもそも、全体で何部門あるうちの4つなのでしょうか。また、それぞれの部門の規模の大きさはどのくらいなのでしょうか。

これらを考えると、4部門で売り上げが一番だからといって、必ずしも全てのケースにおいて一番良い保険会社であるとは限らないのです。

条件を見てみると、保険会社Aでナンバーワンになっている部門の中に、一番規模の大きい「個人部門」が存在していないことが分かります。

理由は明白で、その「個人部門」がナンバーワンなのは保険会社Bの方であるからです。この事実は、自分がどの部門の保険に加入すべきかを考える際に大きく関わってきます。

　もしあなたが個人部門の保険に加入する場合は、個人部門の売り上げがナンバーワンである保険会社Bの方が良いことになります。また、他の部門に加入する場合は、その他の部門の売り上げがナンバーワンである保険会社Aの方が良いのです。

「4部門でナンバーワン」と「1部門でナンバーワン」という言葉だけをみると、どうしても数字の大きい4部門の方が実績があるようにみえます。

　しかし、どちらがより多くのお客さんに利用されているか、という観点で言えば、**保険会社Aがナンバーワンと謳っている4部門の社数の合計は290社となるため、個人部門の400**

「売上ナンバーワン」を分解する・1

●それぞれの部門の規模はどの程度？

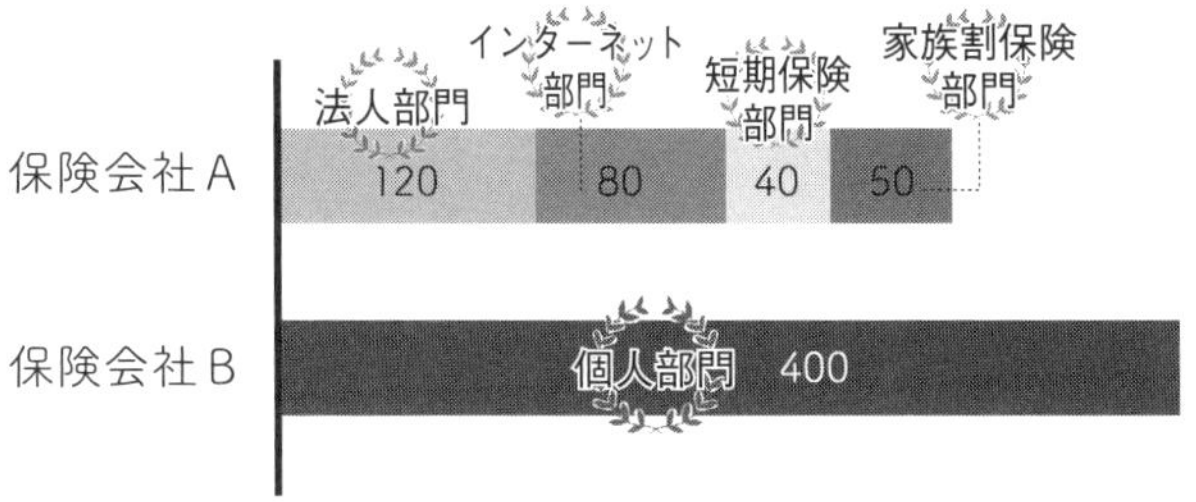

「4部門」の、1つ1つの部門の規模は大きくない

社より少ないことがわかります。よって、実績があるのは保険会社Bの方だと言うこともできるのです。

さらに、ここでもう一つ考えられる視点があります。それは、「売上ナンバーワンの会社を選ぶのが最適解なのかどうか」です。

そもそも、「売上ナンバーワン」という文言は売り手側の発想です。その会社がどれだけ売り上げを挙げられたかを数値化して記録し、宣伝文句に使用しています。

一人あたりの料金が業界全体で完全一律なのであれば「売上ナンバーワン＝加入人数ナンバーワン」が成立しますが、そうとは限りません。

「売上ナンバーワン」という情報ではなく、**加**

「売上ナンバーワン」を分解する・2

●売り上げと加入者数は比例するのか？

	売上	加入者数
1位	A社	B社
2位	B社	E社
3位	C社	A社
4位	D社	C社

「売上ナンバーワン」が他の指数と一致するとは限らない

入者がどれだけいるのか、その満足度はどのくらいか、などを考えることが重要になるのです。

つまり、売り手側が用意した見かけの情報に振り回されずに、より合理的に判断するための情報を集めることが必要になります。

数値に関する情報を集めることは、計画を設定する際にも重要な手段でしたね。どのような場面においても、まずは情報を分解し、数値化を行うことは欠かせないということです。

これを自然に行えるようになることも、数値化力を鍛えるために重要なポイントの1つですね。

Column 「自社調べ」って何…？

広告の中でよく見かける言葉に「自社調べ」というものがあります。この「自社調べ」はこの文字通り、「自分の会社で調べた情報」を提示する場合に使われる表現になります。誤解を恐れず非常に簡単に言ってしまえば、自分たちの都合の良いようにデータを部分的に使うことができるのです。

例えば、20代、30代の顧客には人気があるが、40代以降の顧客には全く評価されていないサービスがある場合、「若者に人気がある」というデータだけを用いて宣伝広告を作成することができます。

そのため、「自社調べ」というデータには基本的にあまり信憑性がありません。おそらくそれは、広告を提示する側もある程度理解していることでしょう。

ではなぜ、わざわざ「自社調べ」と掲載するのか。その理由は、「掲載しないと景品表示法に抵触する可能性があるから」です。景品表示法には、「優良誤認表示」という記述があります。これは、商品やサービスを実際よりも優れている、実際よりも高い評価をもらっていると表示して顧客や消費者を騙すものであり、厳しく処罰されているのです。

自社調べであっても、データがどこから出たものなのかを掲載する必要があるということです。景品表示法は、消費者の立場に立った法律ということですね。

05

給与支払いのトリック

皆さんは、「1年に1回、10万円もらえる」か、「1年に2回、5万円もらえる」のどちらかを選択できる場合、どちらが良いですか?

そんな嬉しい話があるのか! というそもそもの話は置いておいて、どちらを選んでも確実にお金が獲得できるとなった場合、この判断はその人の性格や、そのときの状況によるでしょう。

1年でもらえる合計金額はどちらの選択肢も10万円で変わらないため、1回で大きなお金をもらいたいか、何回かに分けて定期的にお金をもらいたいか、という議論になります。余談ですが筆者は、定期的にもらえる方が計画的に使えるので、後者を選ぶと思います。

この仕組みが世の中では、「給与支払い」においてよく用いられています。

毎月いくら、という支払いが行われる場合もあれば、1年間の業務を全てまとめて請求書を発行し、それにしたがって支払いが行われる場合もあります。また、アルバイトであれば「日当」といって、その日に働いた分だけ支給される場合もあります。

難しいのは、この支払われる額が定額ではない場合です。

勤続年数によって給料が上がっていく場合、結局何年でどのくらいもらえるのか分かりにくいこともあるでしょう。しかし、ここを曖昧にしてしまうと、あなたが損をする選択をしてしまうことがあるのです。

今回は、複数の種類の給与支払い方法でどちらが最終的に得をするのか、数値計算をして考えてみましょう。ここで数字に強くなることが、より合理的な選択をすることにつながります！

Question

あなたは上司から、次の給与の支払い方法のうちから1つを選んでいいと言い渡されました。このうちどれを選択するのが、一番もらえる金額が多くなるでしょうか？

プランA：給与支払い1年に1回　初回120万円
1回の支払いごとに給与は10万円上がる

プランB：給与支払い1年に2回　初回60万円
1回の支払いごとに給与は3万円上がる

プランC：給与支払い1年に5回　初回20万円
1回の支払いごとに給与は1万円上がる

あなたが自ら退職しない限り、この支払い方法が選択後に強制的に変わることはないものとします。

解説

まず、直感的にどのように感じましたか？

実はこの問題、筆者も最初は間違えてしまい、しばらく理解ができないほどの難問でした。以下のように考えた人は多いのではないでしょうか？

「プランAとプランBを比べたときに、初回の給与は1年で120万円と、半年で60万円であるため1年あたりの給与で考えれば同じになる。そして、昇給の度合については、プランAが1年で10万円上がるのに対して、プランBは1年で〈3万円×2回〉の6万円しか上がらないため、長期的に考えるとプランAの方がもらえる金額は大きくなるはずだ」

「プランCはそもそも、初年度からもらえる給与が100万円にしかならず、他2つのプランに比べて金額が20万円少ない。そして、昇給の度合についても、プランCは1年で1万円×5回の5万円しか上がらない。よって、初回の金額も少なく、昇給の度合も低いプランCは明らかに選択肢からは除外される」

筆者は最初このように直感的に考えてしまいました。長々と説明しましたが、実はこの説明は全くもって正しくありません。正解は、この説明の真逆になります。**一番得するのはプランC**なのです。

なぜそうなるのか、プランA、B、Cそれぞれについて、まずは**「初年度」にもらえる給与**がどれだけになるかを考えてみましょう。

プランAは、書いてあるとおり初年度の給与は**120万円**になります。

プランBは、「60万円×2回」で120万円になると思いがちですが、2回目の支払いは昇給されて63万円になるため、「60万円＋63万円」で**123万円**になります。

プランCは、昇給を考えると5回の支払いがそれぞれ20万円、21万円、22万円、23万円、24万円となるため、全て足して**110万円**になります。

まずこの時点で、プランAが最適な選択ではなくなります。**最初の1年目だけを考えれば、最善策はプランBを選ぶこと**になります。

もっと興味深いのは、**2年目以降**です。プランA、B、Cそれぞれの、「2年目」にもらえる給与を考えてみましょう。

プランAは、10万円昇給するため**130万円**になります。

プランBは、1年目の2回目の支払いの「63万円」からさらに3万円昇給して、2年目の1回目が66万円、2回目が69万円となるため、「66万円＋69万円」で**135万円**になります。

プランCは、5回の支払いがそれぞれ25万円、26万円、27万円、28万円、29万円となるため、全て足して**135万円**となります。

皆さん、お気づきでしょうか？　昇給の度合いが、**プランC＞プランB＞プランAの順に大きくなっている**のです。

1年目はもらえる給与が一番低かったプ

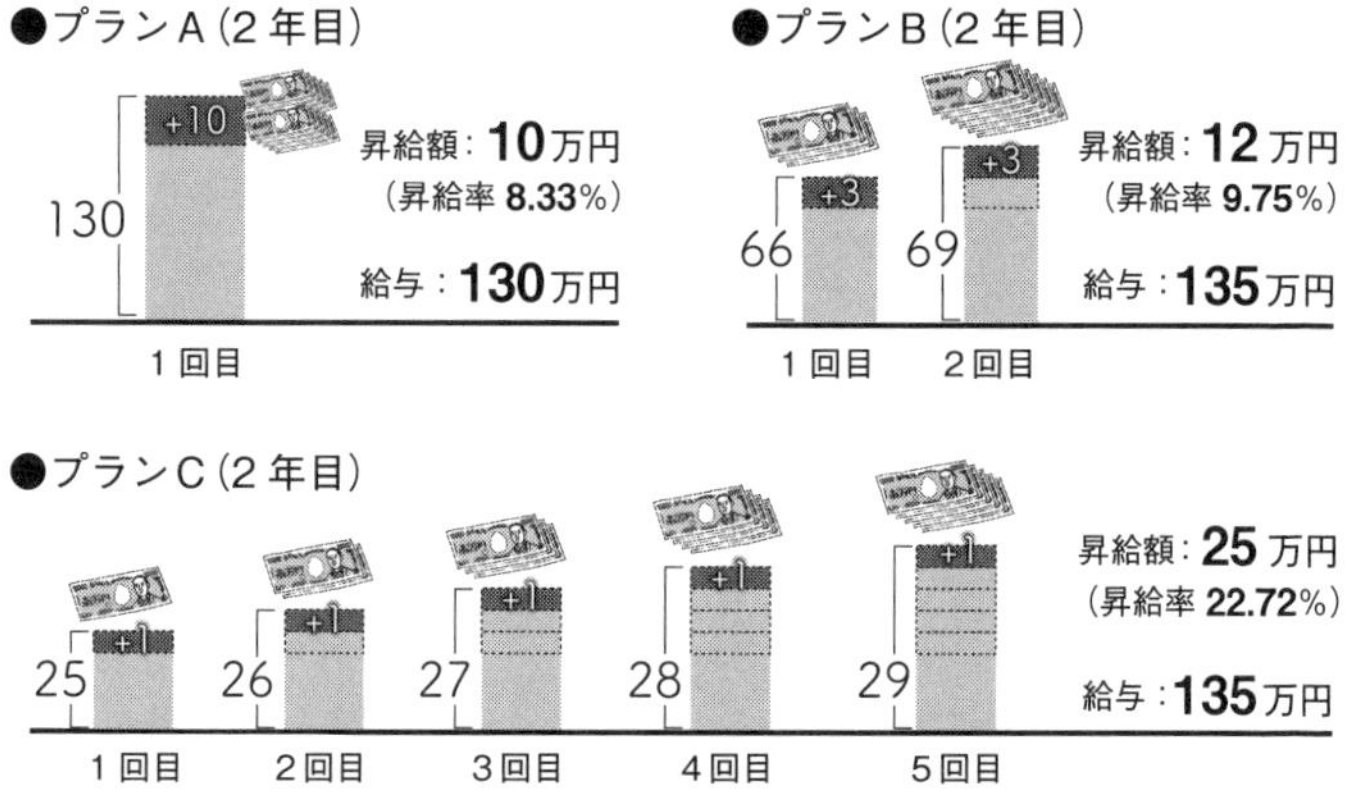

プランCが最も昇給度合が高い

ランCが、2年目ではプランBと並んで一番高くなっています。

例えばプランCであれば、毎年1年で1万円×5回＝5万円ずつしか昇給しないように一見思われますが、2年目1回目までの1年分の「5万円の昇給」が2年目の「5回の給与支払い全て」に反映されるので、最終的に「5万円×5回」で**25万円の昇給**になり、プランAを大きく上回るのです。

同様に計算していくと、プランA、B、Cそれぞれの1年目から5年目までの給与は、次のページの図の通りになります。

3年目以降は、1年ごとの昇給度合が高いプランCがどんどんと給与額を伸ばしていきます。

この計算から、**3年以上勤続しない想定であればプランBを、4年目以降も勤続する想定であれ**

プランCの昇給の仕組み（1〜2年目）

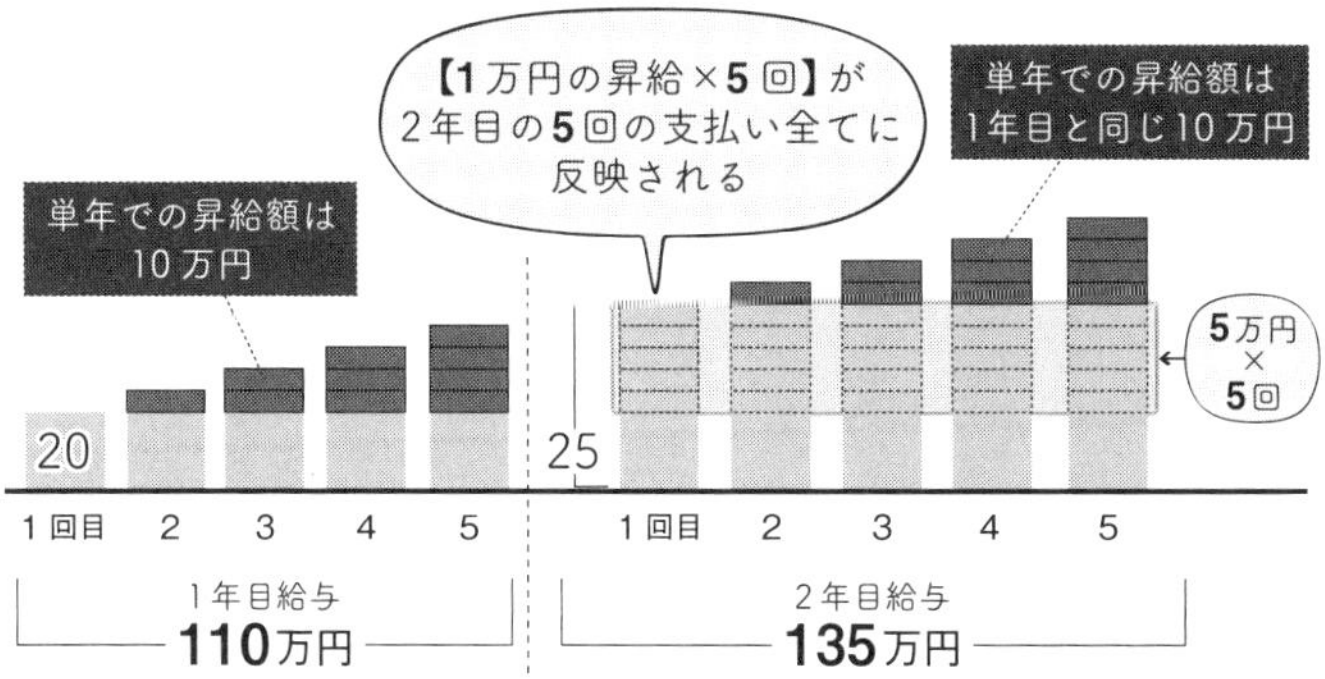

ばプランCを選ぶことが一番合理的だと言えます。

直感で一番お得だと思ったプランAは、どの勤続年数においても最適なプランではないのです。

いかがでしたか。

直感と実際の計算が違った、という人も多かったと思います。このように、なんとなくで決めるのではなく実際に計算をすると答えが見えてくるものは多いため、徹底的に数値化を行うことで損をすることがなくなります。

世の中には数字を使って悪いことを考える人がいます。**複雑な計算が必要な条件を提示することで、パッと見たときに損得の判断を難しくさせ、売り手側が圧倒的に得をする条件になっていることもあります。**

すぐに計算して結果が出せずとも、「この直感は正しいのだろうか？」と考える姿勢を持ち、数値化する力を磨き続けるようにしましょう。

プランA～Cの1～5年目までの給与合計

	プランA	プランB	プランC
最初3年間	390万円	405万円	405万円
最初5年間	700万円	735万円	800万円

4年目以降も勤続するならプランCが最もお得

06

単利と複利の違い

第4章の最後は、今話題になっている「NISA」にも深く関係するテーマについてです。

2024年になり、新しい制度が加わった「新NISA」が始動しました。

NISAとは、「Nippon Individual Savings Account（日本の個人貯蓄口座）」の頭文字をとった愛称であり、今日本で広まっている少額投資非課税制度のことを指します。その名の通り、株式や投資信託で得られた利益が非課税になる個人向けの制度です。

日本証券業協会によると、2023年9月末の時点でNISAの総口座数は1300万を突破しており、その件数は今も増加し続けています。

このNISAが2024年からリニューアルされ、資産の非課税保有期間が無制限となった「新ＮＩＳＡ」として話題を呼んだことから、それまで投資に関心がなかった人も「私もそろそろやってみようかな？」と考えたことがあるかもしれません。

なぜＮＩＳＡがこんなにもてはやされているのか、それは資産が非課税であるだけでなく、長期保有であることが大いに関係します。カギとなるのが**「複利」と呼ばれる利子の計算方法**です。

それでは、今回はこちらの問題を考えてみましょう。

Question

1年あたりの金利が4%のとき、元金が2倍になるのは何年後でしょうか？
ただし、この問題における金利は「複利」で計算するものとします。

いかがでしょうか。この問題、もしかするとこのように考えた人がいるかもしれません。

「元金が2倍になるということは、利子がちょうど元金と同じだけ、つまり100％付く必要がある。

1年で4％の金利であるため、

100％÷4％＝25年

より、元金が2倍になるまで25年かかる」

この考え方は一見、正確に数値化ができているようにみえます。

しかし、残念ながらこれは間違いなのです。

実際はこれより7年間も短い**「18年」で元金の2倍以上になります**。なぜそこまで短くなるのか、説明しましょう。

この背景には、**「単利」と「複利」**の計算方法の違いがあります。

単利と複利の違いは、利子を元金に組み入れるかどうかにあります。

例えば、元金が100万円で単利が年利4％の場合、1年後には利子4万円が付いて104万円になります。ここで、得られた利子は元金に入れずに、翌年も100万円に対して4%の利子が発生するのが「単利」であり、**利子も入れた104万円に対して4%の利子が付くのが「複利」**です。

つまり、単利の場合は1年目も2年目も同じ4万円の利子が付きますが、複利の場合は2年目の利子は

104万円×4%＝4万1600円

となり、**単利よりも1600円多く利子が付く**ことになります。

1600円と聞くと、「なんだそれだけか」と思う人もいるかもしれません。

しかし、ここで増えた1600円分に対しても

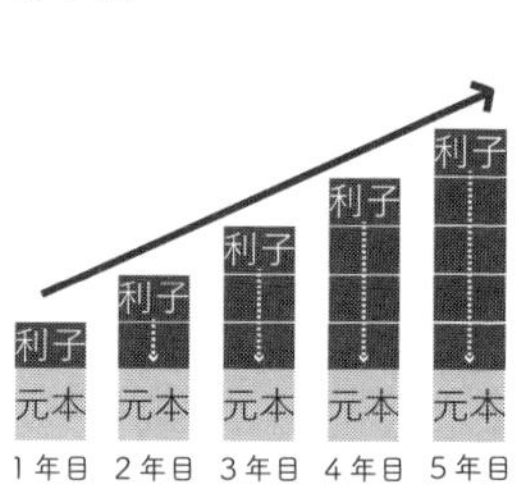

**当初の元本に対して
利子がつく**

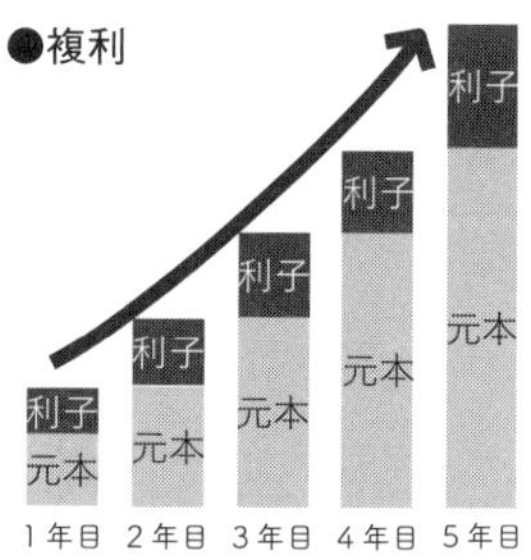

**前年の利子が
次の年の元本に加わり
さらに利子がつく**

さらに4％が付き、時間経過につれてどんどん1年にもらえる利子が増えていきます。最終的に、18年目の利子は単利が4万円なのに対して、**複利では約7万8000円と2倍近くもらえるようになる**のです。

このように考えると、単利と複利の違いがいかに大きいか分かっていただけたと思います。

この「複利」の考え方、一見とても複雑にみえます。「元金が2倍になるのは何年後？」と言われても、そんなことどのように計算すれば良いか分からない、という人も多いでしょう。

ここで活きてくるのが、**「72の法則」**です。

「72の法則」とは、複利の金利のパーセンテージで72を割り算して出た答えが、その金利において元金が2倍になるのにかかる年数になる、という簡易的な複利の計算方法です。金融の世界においては、計算を簡単にするために、またお金の動きのイメージをつけるため

●72の法則

72 ÷〈金利〉≒ 元金が2倍になるのにかかる年数

に多用されています。

この72の法則、知らなかった人は今日から使ってみてほしいのですが、今回はただこの「72の法則」を伝えて終わるつもりはありません。この法則自体は、ネットで調べればすぐに出てくるものなので、これでは『数値化の強化書』とは言えないでしょう。


筆者だけでなく、周りの東大生に共通している考え方として、法則や公式を見ると**「なぜこの法則が成り立つのだろう?」**という発想になることが挙げられます。

与えられた公式を鵜呑みにして数値を代入することで、問題集の答えは簡単に出せます。ですが、そこに本質の理解は存在しないと考えます。公式を分解し、公式を成り立たせている要素を見つけることで初めて、本当に「わかった」「使える」と言えるのだと思います。理解が深まれば応用も簡単にできます。

数値化においても、本書で何度か述べた通り徹底した分解が必要です。表面上に現れている数字だけでなく、隠された数値を探し出し判断材料とすることが求められます。

ですので、ここからはかなり難しくなりますが、「なぜ72の法則が成り立つのか」を考えてみたいと思います。

高校数学の単元になるので理解は難しいかもしれませんが、数学の単元が社会でどのように活用されているかという一端に触れる内容になりますので、興味のある方はよかったら読んでみてください。

ここで使用するのは、高校2年生が数学の授業で習う**「対数《たいすう》」**という単元です。「対数」とは、**「ある数Xをt乗してYになるとした場合の指数t」**のことを指しており、この「t」を「Xを底《てい》とするYの対数」と呼びます。

難しい表現になってしまいましたが、簡単な数を例に挙げてみると「2の3乗が8である」ことを、「2を底とする8の対数は3である」と表すということになります。「log」という記号に見覚えがある人もいるかもしれませんが、これがまさに「対数」を表す数学記号の一つです。

先ほどの「2の3乗が8である」という例は、この記号を用いて

$\log_2 8 = 3$

と表されます。

この式で小さく書かれている数字「2」が「底」であり、それに対して8の対数が「3」であるということです。

2を何回かけたら8になるだろうか、と考えるのがこの式を解くカギになります。今回はこの対数（log）を用いて、先ほどの「1年あたりの複利4％」の例を考えてみましょう。

何年後に2倍になるかを求めるため、それを「n年後」と置きます。すると、n年間にわたって毎年元金が1・04倍されていくため、n年後には「1.04^n」倍になります。よって、2倍になる年数は式：$1.04^n = 2$ を解いて得られるnの値になることが分かります。

しかし、この問題をそのまま解くのは非常に困難です。

ここで出てくるのが対数（log）です。

式の両辺に「$\log_{10}$」をつけてみましょう。元々、左辺と右辺は同じものであることを等号が表しているので、両辺にlogをつけても式は成立します。この式変形は高校数学においては非常によく用いられ、「両辺の対数を取る」と表現されます。

これを行うと、元々の式は下の図の通りになります。この式でも答えは導きにくいようにみえますが、実はスマートフォンの計算機でも計算できます。

スマートフォンの計算機機能を横向きにすると、関数電卓が表示されて「$\log_{10}$」というボタンがあります(iPhoneの場合。Androidは「log」のボタン)。

対数を求めたい数字を入力し、「$\log_{10}$」のボタンを押すだけで10を底とする対数を出力することができます。これを用いると、**「n=17.67…」**となるため、**これを超える整数である18年で元金の２倍を超える**ことが分

対数を用いた「72の法則」の計算

●元金が２倍になる年数

〈$1.04^n = 2$〉を解いて得られるnの値

●$\log_{10}$を両辺につけて「対数をとる」

$$n \times \log_{10} 1.04 = \log_{10} 2$$

$$n = 0.3010\cdots \div 0.0170\cdots = 17.67\cdots$$

かるのです。

今回は4%で行いましたが、これをX%などと記号でおき、何年で2倍になるかを計算してみることで、この72の法則が導き出されます。

ビジネスの世界において幅広く用いられている法則にも、このような数値化による検証が隠されているのです。

法則の証明は、難しいと感じた人が多かったかもしれません。

もちろん、この証明を完璧に理解する必要はありませんが、法則の成り立ちをある程度把握しておくと、その法則を自由自在に使えるようになります。

そしてそのカギは、やはり「数値化」にあるのです！

第4章のまとめ

いかがでしたでしょうか。

第4章では、身近な題材であるガチャの確率や天気予報の降水確率などのパーセンテージの値の扱いから、ビジネスにも役立つお金の計算など、幅広い数値を用いて「数値化力」を高めていきました。

共通して大事になったポイントは、やはり「直感と違う数値」についての理解を深めることでしょう。

世の中に溢れているデータは、非常に曖昧なものが多いです。

そして、それがそのまま数値にされていて、より難解なものになっていたり、多くの人に誤解を与えるものになっていたりすることがあります。

そのようなデータに騙されないようにするためにも、この章で培った人間の心理に反する数値の認識をより一層確かなものにしていきましょう。

次の第5章が、数値化力を鍛える最終章になります。

最後は、行動経済学という学問で幅広く学ばれている知見も引用しながら、人間の行動、選択を数値化という面から捉えてみましょう。これまでの集大成だと思って、第5章に挑んでくださると嬉しいです。

第5章

計算で測れない人間の心理

イントロダクション

第4章では、人間の心理に反する数値をいくつか取り上げて、その数値を正確に認識する、そして評価するためにはどうすれば良いのかについて解説していきました。

しかし、どれだけ合理的な数値を提示されても、そしてどれだけ数値化力の高い人であっても、人間は計算では説明できないような行動をとってしまうことがあります。そんな人間の行動について研究する学問が、これから紹介する**「行動経済学」**です。

行動経済学とは、近年話題になっている人間の意思決定に着目した経済学での考え方です。かつて経済学では、「人間は自分の利益だけを最大にしようとして、それを達成するために合理的な選択をする」と仮定して研究をしてきました。

ところが、研究を進めるうちに、**その仮定では説明できないような人間の行動が多く存在する**ことがわかったのです。この事実を考慮し、現実的な前提で経済学を構築し直そうとする動きによってできた新しい学問分野が、これから紹介する行動経済学です。

行動経済学では、論理的に考える部分と、人の感情を重視して考える部分の両軸があります。つまり、数値化と、人の思考の理解、その2つを合わせることで、より強力なアプローチができるようになるのです。

そうは言われても、さすがに合理的な数値が示されているなら判断は間違わないのでは？　と考える方もいるかもしれませんね。

では本編に入る前に、一度身近な例を挙げて考えてみましょう。

皆さんは、買い物をする際にどのような基準で買う商品を選んでいますか？

その商品の品質や内容量、食品であれば栄養バランスなど、人によって判断をするポイントは変わってくるでしょう。その中で、多くの人にとって重要な観点になるのはやはり「値段」なのではないでしょうか？

「同じような商品であれば値段の安い方を買いたい」、と考える人が多いことでしょう。そんなお客さんのニーズに応えるために、お店側も値引きをしたり、安い価格帯の商品を多数用意したりしています。

例えば、お弁当屋さんに800円と1000円の弁当の2種類が販売されていたとします。そしてその中身は以下の通りでした。

800円：鶏もも肉のソテー・ポテトサラダ・きんぴらごぼう・白米

1000円：鶏もも肉のソテー・鯖の西京焼き・きんぴらごぼう・五目炊き込みご飯

この場合、皆さんだったらどちらを選びますか？

もちろん好みにもよりますが、800円の弁当にお得感を感じて選択する人が多いのではないでしょうか。日常的に購入するもの、そして価格帯が安いものであればあるほど、その値段の差が選択に与える影響は大きくなります。

複数種類の商品を作ると、その売れ行きには偏りが生まれてしまうのです。

ここまでは消費者側の視点です。

では、売れ行きの偏りをなくすにはどうすれば良いのでしょうか？

今回は経営者側の視点に立って、この例を数値化してみましょう。次のクエスチョンを30秒だけ考えてみてください。

Question

あなたはこのお弁当屋さんを経営しています。

現在は８００円の弁当と１０００円の弁当の２種類を販売していて、売れ行きの比率は８００円の弁当が７割に対して１０００円の弁当は３割。

１日の弁当の売上個数は合計で１００個です。

それぞれの弁当の原価は、８００円の弁当の方が２００円、１０００円の弁当の方が２４０円であるので、１０００円の弁当の方が１個あたりの利益額は大きくなります。

あなたはこの比率を逆転させて１０００円の弁当の売れ行きを良くしたいと考えています。

どのような施策をすれば良いでしょうか？

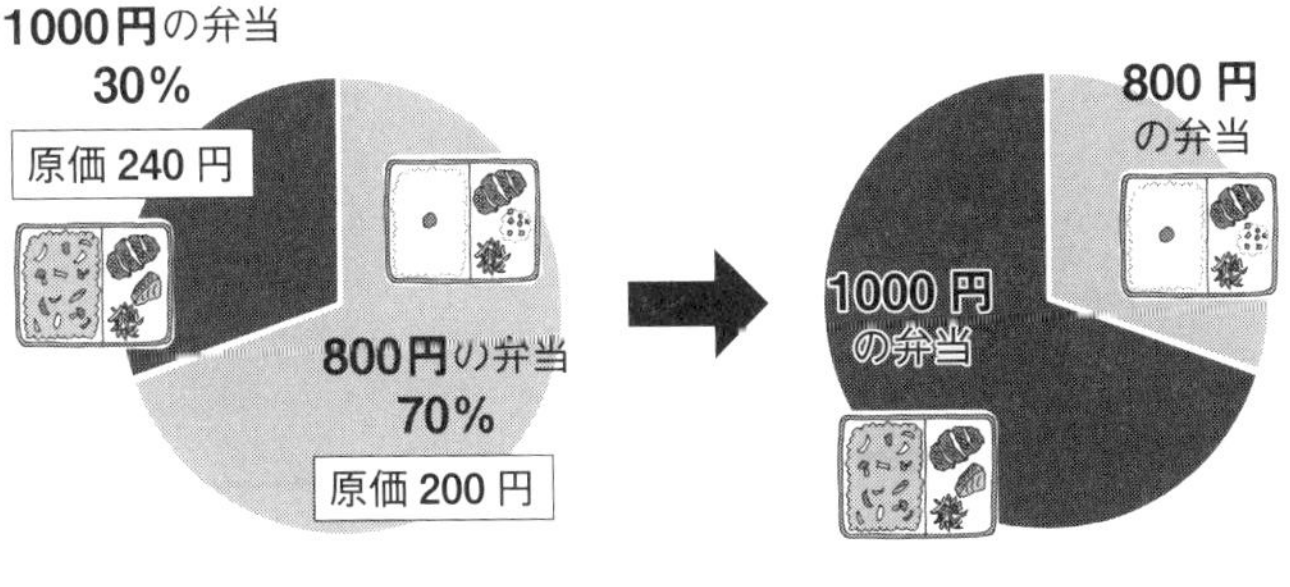

２種類のお弁当、売れ行きの比率を逆転させるには…？

解説

800円の弁当を1個販売した際の利益は600円であり、1000円の弁当を1個販売した際の利益は760円になります。

1000円の弁当が売れる方が1個あたりの利益は30%近く大きくなるので、いかに1000円の弁当を多く販売できるかが大事になることが分かります。

この施策のアンサーはいくつか存在します。もちろん、800円、1000円の弁当の中身をリニューアルすることもその1つでしょう。

しかし、もっと簡単かつ、大きな成果を出せるアプローチとして、**「1個1500円のランクの高い弁当をメニューに加える」**という方法が挙げられます。

これは、行動経済学という学問で広く扱われている**「おとり効果」**という現象を利用したものです。

おとり効果とは、**物事の選択において、一つの選択肢と類似していて明らかに劣っているような選択肢を加えると、その元々の選択肢を選ぶ確率が高まる**という現象のことです。またの名を**非対称優性効果**と言い、多くの場面で使われています。

今回のケースに当てはめて考えてみましょう。

１０００円の弁当のラインナップは「鶏もも肉のソテー・鰆の西京焼き・きんぴらごぼう・五目炊き込みご飯」でした。

ここに８００円の弁当に入っていた「ポテトサラダ」を加え、「鶏もも肉のソテー」「鰆の西京焼き」を**１０００円の弁当の１・５倍の量に増量したものを１５００円の弁当として販売**してみる施策を取ったとしましょう。

すると、先ほどまで「２種類の弁当の中で値段が高い方」という認識を持たれていた１０００円の弁当が、**「１５００円の弁当と内容に大きな変化はなく、量が少し減るが１０００円ぴったりで**

リニューアルした弁当のラインナップ

●800 円の弁当

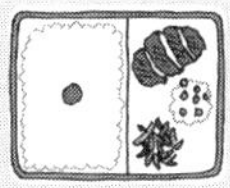

・鶏もも肉のソテー
・ポテトサラダ
・きんぴらごぼう
・白米

●1000 円の弁当

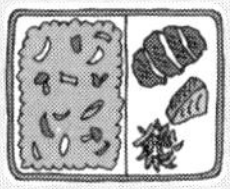

・鶏もも肉のソテー
・鰆の西京焼き
・きんぴらごぼう
・五目炊き込みご飯

●1500 円の弁当

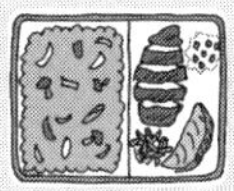

・鶏もも肉のソテー（**1.5** 倍）
・鰆の西京焼き（**1.5** 倍）
・ポテトサラダ
・きんぴらごぼう
・五目炊き込みご飯

買うことができるお値打ちな弁当」という認識に変化するのです。

これによって、1000円の弁当の売れ行きの上昇が見込まれるでしょう。

ここで仮に、原価300円で、販売価格1500円の弁当を10個作ったとします。10個と聞くと、少ないのではないかと思う人もいるでしょう。

しかし、**この弁当はあくまで「おとり」であるため、大量生産する必要はない**のです。そのため、あえてあまり売れないような弁当にすることも作戦の一つでしょう。

今回は極端な例として、このおとりの弁当は1個も売れなかったと仮定して考えてみます。

リニューアル前後での利益の変化

●リニューアル前

売上価格：800円×70個＋1000円×30個 ＝8万6000円
原価　：200円×70個＋240円×30個＝2万1200円

利益：8万6000円－2万1200円＝6万4800円

●リニューアル後

800円の弁当が50個、1000円が50個、1500円が0個の場合

売上価格：800円×50個＋1000円×50個 ＝9万円
原価　：200円×50個＋240円×50個＋300円×10個＝2万5000円

利益：9万円－2万5000円＝6万5000円

このおとり効果によって、普段８００円の弁当を買っていたお客さんが一部１０００円の弁当へと流れ、８００円、１０００円の弁当の売れ行きの比率が１：１となった場合、それぞれの利益を考えてみると右ページの図のようになります。

この計算式を見ても分かる通り、**おとりが１個も売れなかった仮定においてもリニューアル前よりも利益が増加する計算になる**のです。もちろん、これに追加で１５００円の弁当が少しでも売れたり、弁当の販売個数が増えたりすることがあればさらなる利益の増加が見込まれます。

また、１５００円の弁当は８００円、１０００円の弁当のメニューを流用しているため、導入コストが低く、売れ残った場合も８００円、１０００円の弁当に使うことができるのです。

このように考えると、同じメニューをうまく活用して商品の種類の幅を広げることが、売上増加に大きくつながることが分かります。経営者側の視点に立って物事を考えた経験はなかった人も多いと思いますが、このような場面でも、数値化は役に立っているのです。

「人間は自分の利益だけを最大にしようとして、それを達成するために合理的な選択をする」という従来の経済学における考えが正しいのであれば、商品の選択肢が2つだろうと3つだろうと、一番安い800円の弁当を買うはずです。

ところが、**現実はそうではなく、「お得感」がある商品があれば値段が少し高くてもそちらを選択する**。これが行動経済学が示す、数値だけで測れない人間の感覚となります。

今回は、このような行動経済学の効果や考え方をいくつか抜粋しながら、それぞれの場面によってどのような選択が合理的なのかを考えていきます。

数値化から離れるのではないかと思う人もいるかもしれませんが、人間の心理を理解するためにも、その土台となる数字を扱う能力は必要不可欠です。

これまで培ってきた数値化力を活かし、さまざまなケースでの最適な行動について一緒に考えていきましょう！

01

「試食」でお店は儲かるのか？

【扱う行動経済学の原理】返報性の原理

弁当の話の流れで、もう1つ食べ物に関する具体例を考えてみましょう。

おそらく多くの人が一度は「試食」をしたことがあるでしょう。スーパーや観光地などで、食料品や土産物のお菓子などの一部を小さくカットして、爪楊枝に刺して提供されている光景をよく見かけます。

おそらく多くの人が、試食をしたことがあるだけでなく、こう考えたことがあるのではないでしょうか？「店側からしてみたら、もったいないのでは？」と。

本来、お金をいただいて販売している商品を、一部とはいえ多くのお客さんに無料で提供しているのです。そのことだけ切り取って考えれば、試食はお店の売り上げ、利益を下げてしまうものにみえます。

しかし実際は、試食は売上上昇に大きくつながっているのです。

もちろんお店や商品にもよりますが、試食によってその場の購買率やその後の継続率が上昇したという調査もあるほどです。そのくらい、試食は商品販売において重要なアプローチになっているのです。

ではなぜ、ここまで試食が大きな効果を発揮するのか。

それには、行動経済学の**「返報性の原理」**が関わっています。

「返報性の原理」とは、**相手から何か良いことをされたとき、それに「お返し」をしたいと感じる思考傾向、あるいは、相手から何か嫌がらせを受けたときに、その「仕返し」をしたいと感じる思考傾向**のことを指します。前者は「好意の返報性」、後者を「敵意の返報性」と呼ぶこともありますが、一般には前者の方が広く「返報性の原理」と紹介されています。

誕生日を友達に祝ってもらったら、その友達の誕生日も祝おうかなと思いますよね？　バレンタインデーにチョコレートをもらうと、ホワイトデーにお返ししないとなと思いますよね？　逆に、毎年年賀状を交換していたけどある年から送られてこなくなったら、自分も来年から送らなくていいかなと思っちゃいますよね？

シンプルに言えば、このような「普段よくしてくれている人には何か恩返しをしたいと思っちゃうよね」という人間の情を行動経済学で表しているのです。まさに、リアルな人間の「行動」だと言えるでしょう。

では、この返報性の原理を用いて、「試食」が売り上げにどのような影響を与えるのか、数値化を用いて考えてみましょう。

Question

ある店舗で、1箱10個入り1000円のお饅頭を販売しており、その原価は1個あたり30円です。この商品は、試食を導入するまで、1日200箱売れていました。

今月から試食を導入することにし、1個のお饅頭を4等分してお客さん一人一人が食べられるようにしました。1日あたり1000人が試食を行い、そのうち5％のお客さんが実際に商品を購入するようになりました。この結果、1日あたりの売り上げは50箱増え、250箱となりました。

このとき、この商品による1日あたりの利益額はどのくらいアップしましたか？

解説

「利益」の計算方法は**【利益＝売り上げ－原価】**であるため、利益を考えるには売り上げと原価を算出し、その差を取ることになります。今回は利益額の「増加量」が問われているので、試食の導入前と導入後でどのような変化があったかを数値化できると計算がスムーズになります。

まず、導入前の利益は、１日２００箱の売り上げがあったことから原価を差し引いて計算すると14万円であると導くことができます。

次に試食導入後の利益です。試食を導入したことによって増加した売り上げは５万円となります。

それに対して原価はどうでしょうか。売れた分の商品に加えて、試食で用いられた商品の分も計算すると、１日あたり２万２５００円となります。

つまり、この仮定において試食の導入は１日あたり２万７５００円の利益増加につながるのです。

試食したお客さんのうち、追加で購入を決めた割合を5％としてもこれだけの利益増加になるため、試食の効果が大きいことが分かります。

このように、一見効果の分かりにくいものであっても、数値化によってその意味が理解できるようになるのです。

返報性の原理は、日常の至る場所に溢れています。また、それを利用した行動戦略も多く立てられています。

行動経済学のメジャーな原理の一つであるこの**「返報性」**を理解して、日常生活やビジネスに活かしていただければ幸いです。

試食導入前後での利益の変化

●試食導入前の利益

売上価格：1000円×200箱＝20万円

原価　：30円×2000個＝6万円

利益：20万円－6万円＝14万円

●試食導入後に増加した利益

売上増加分の価格：1000円×50箱 ＝5万円

試食での消費量：1/4個×1000人 ＝250個＝25箱

売上分＋試食分の原価：30円×750個＝2万2500円

利益： 5万円－2万2500円＝2万7500円

02

「持ってる」感覚は果たして正しいのか

【扱う行動経済学の原理】ホットハンド効果

ここまで少し計算の大変な行動経済学の原理や効果をいくつか扱ってきたので、小休憩として、少し砕けた内容を扱おうと思います。

皆さんはボウリングで3投連続ストライク、つまり「ターキー」を取ったことはありますか？　ストライクを取ること自体が難しいので、3連続となると相当ボウリングが得意でなければなかなか出せないものでしょう。これは主観も入る話なので、「そうかな？」と首を傾げる人がいるかもしれませんが、本題は次の質問です。

それは、**「2連続ストライクが出た時、3回目のストライクが出る確率は普段よりも高くならないか？」**ということです。

こんなの、ただの思い込みだと思う人もいるかもしれません。しかしこれも、行動経済学の1つとして研究されているのです。
その名も、**「ホットハンド効果」**というものです。この現象を紐解くために、まずはこちらの問題を解いてみてください。

Question

バスケットボールの試合にて、ある選手Xがフリースローを3本打つ機会が与えられました。
次の2つのシチュエーションにおいて、より成功率が高くなるのはどちらでしょうか?

A：フリースロー3本中2本どちらも外れてしまったときの残り1本

B：フリースロー3本中2本どちらも成功したときの残り1本

※フリースローとは
相手チームに反則があった際に、決められた位置から相手に邪魔されることなく打てるシュート。

解説

これは数値化の問題というよりは、心理テストのように思えるかもしれません。おそらく読者の皆さんの中でも、どちらを選ぶかは人によって分かれることでしょう。しかし、このケースにおいて、明らかに選択肢Bの方が確率が高くなることがデータによって示されているのです。この原理を、行動経済学の世界では**「ホットハンド効果」**と呼びます。

ホットハンド効果とは、いわゆる「持ってる」という感覚を言語化したものであり、もともとはこのクエスチョンのようにバスケットボールでの例から生まれた用語になります。選手はもちろん、コーチや観客、そして解説する専門家までもが、この「ホットハンド」を信じて疑わない状態になっているのです。

しかし、ここまで読んできた人はきっとこの現象に懐疑的だと思います。それもそのはずです。この「ホットハンド効果」は、**これまで行ってきた数値化の仕組みでは全く説明できない現象**なのです。

確率論では、複数の事象や確率変数、つまり2回以上の試行は「独立」であると定義されます。この「独立」は、2つ以上の事象が全て同時に起こる確率が、それぞれの確率の積に等しいことを著しています。

もう少し噛み砕いて説明すると、**「片方の事象が起こるか起こらないかは、もう片方の確率に依存しない」**ということです。この独立の定義を今回のクエスチョンに応用してみると、選択肢Aも選択肢Bも、3本目のフリースローの成功確率は独立であるため、成功率は変わらない、という結論になります。

しかし、データでは**「フリースロー3本中2本どちらも成功したときの残り1本」の場面の方が確かに成功率が高くなる**のです。これぞまさに、理論だけでは説明できない現象と言えるでしょう。

この「ホットハンド効果」に関しては、もともと否定的な意見が多く、「ホットハンドの誤謬」という言葉が広まっていたほどでした。誤謬とは、正しくない推論や論証を表す言葉であり、1985年にはこの誤謬を示す論文が公開されました。

このように、多くの人にとって「思い込み」「間違え」だとされてきた「ホットハンド効果」ですが、近年その認識が覆されつつあるのです。

近年では、スポーツにおいてのみホットハンド効果は正しいのではないか、という考えが広まっています。

スポーツであれギャンブルであれ、もちろん確率の独立は変わらないので数学的にはこれもおかしな話ですが、プロのバスケットボールリーグや野球のメジャーリーグなどで複数年にわたってデータを集めてみても、このホットハンド効果を指示する結果が集まっているのです。これは非常に興味深い話だと思いませんか？

数学の確率の問題であれば、もちろん選択肢Bは正解にはなりません。

しかし、**現実は時に確率の壁を超えた結果を出すことがある**のです。このようなデータを集めて確率の変化を考えることも、数値化の一種だと言えるでしょう。

03

「私だけは大丈夫」の根拠は？

【扱う行動経済学の原理】楽観性バイアス

先ほどの例の続きで、もう一つ心理テストのようなクエスチョンを皆さんに考えてもらいましょう。こちらもあまりじっくり考えすぎず、直感で選んでみてください。

Question

あなたは、同じ性別、そして同じ世代の人に比べて、交通事故に遭う可能性が高いと思いますか？

選択肢Ａ：高いと思う
選択肢Ｂ：同じくらいだと思う
選択肢Ｃ：低いと思う

解説

いかがでしょうか。

実はこの選択肢、**Cを選ぶ人が統計的に多いというデータが出ている**のです。

先ほどのホットハンド効果と同じで、確率論で考えれば答えはもちろん選択肢Bになります。自分と「同じ」性別、「同じ」世代という条件ですから、交通事故に遭う可能性も同じであるはずですよね。

しかし、このように3択で問われると、「自分は大丈夫なんじゃないか、交通事故になんか遭わないいんじゃないか」と思う人が多いのです。

このような、**「自分は大丈夫」「そんな事態は自分には起こらない」「起こったとしても、そのうち状況は回復するはずだ」などと根拠もなく考えてしまう傾向のことを、「楽観性バイアス」や「楽観バイアス」**と言います。本書では、「楽観性バイアス」という名前を用いましょう。

この「楽観性バイアス」は、認知バイアスの一種です。認知バイアスとは、人間の物事の捉え方の傾向を表したものであり、何十もの種類があります。

「バイアス」という名前は英語で偏見などという意味があるため、どうしてもマイナスなイメージを持つ人が多いでしょう。しかし、認知バイアスとは**「人間が環境を認識する際のクセ」**のようなものなので、一概に悪いものだとは言えません。

そもそもなぜこのようなバイアスが生まれるのかについて、簡単に説明しましょう。私たちの脳は、日々大量の情報を処理しています。近年ではインターネットが発達しスマートフォンが普及したこともあり、1日に脳が処理する情報量は何倍にも何十倍にも膨れ上がりました。これらの情報を効率よく処理するために、脳は2つのシステムを併用して情報を捌いているのです。

1つ目のシステムは、情報を「直感的に」処理します。ここでは、これまでの経験や結果を踏まえて一番可能性が高そうなアンサーを出しているのです。膨大な情報処理を行うため、ここに割かれる時間やリソースはかなり少ないものになります。

この1つ目のシステムで答えが出せなかった場合に限り、**じっくり思考する2つ目のシステム**が作動するのです。

つまり、**大半の情報は、経験則に基づいて直感的に判断されている**ことになります。

そのため、上述した通りの「認識のクセ」が生まれてしまうのです。

　これは個人の特性というよりは人間全体の習性であるため、バイアスをなくす、直すことは非常に困難です。しかし、「認知バイアス」というものが存在することを理解するだけでも、状況への対応は格段に行いやすくなるでしょう。


　この認知バイアス、とりわけ楽観性バイアスを理解することは、この本の第3章で扱った**物事の「計画」を立てる際に大きく役に立ちます**。

　その理由は明白で、計画の実行においては、「自分がどのくらいの時間で各々のタス

人間の脳における情報処理システム

●1つ目のシステム　　●2つ目のシステム

経験則に基づき「直感的に」処理する

答えが出なければじっくり思考する

クを終わらせることができるか」の理解が非常に重要になるからです。

例えば仕事において、プレゼン発表のためのスライドを作ることを考えましょう。元々の計画で、「100枚のスライドを作るのに1時間あたり20枚で5時間かかる」と数値化をしていたところ、実際には5時間作業をしても60枚しかスライドが完成しなかった、ということは起こりうるでしょう。これは、作業内容を見誤っていた可能性もあれば、「このくらいの量なら5時間でできるだろう」という根拠のない自信に基づいて計画を立てた可能性もあります。

この場合、スライド作りの稼働ができる時間を5時間しか計画に入れ込んでいなかった時点で、プレゼンの準備に失敗してしまうことになります。自分の仕事のスピードや技量を正しく判断できないと、仕事が円滑に進まなくなるのです。

自分に自信を持つことは重要ですが、過信は失敗の元になります。きちんと自分を客観的に見るためにも、この「認知バイアス」を知っておきましょう。

04

ポイントカードは貯めたくなる

【扱う行動経済学の原理】目標勾配効果

先ほどのクエスチョンでは、人間の心理の歪み、非合理性を考えていきました。ここでもう一つ、親しみやすい行動経済学の例を考えてみましょう。

皆さんは、よく行くスーパーや飲食店などのポイントカードは持っていますか？

ちなみに筆者はポイントが数値化されるシステムが大好きなので、カードのものとアプリのものを合わせれば20種類を超えるほどのポイントカードを持っています。

このポイントカードに用いられているのが、**「目標勾配効果」**と呼ばれる行動経済学の原理です。

目標勾配効果とは、**目標に近づいてくると、努力や行動を加速させようと思う心理現象のこと**を指します。つまり、ゴールが近づいてくるとよりやる気が出てくるということですね。有名なもので言えば、マラソンの「ラストスパート」が挙げられます。

このような目標勾配効果は、宣伝広告やビジネスの場でも広く使われています。「金曜日の仕事は普段よりちょっと頑張れる」なんていうのも、目標勾配効果の一つです。休日という目標・ゴールを楽しみにしていて、そこに近づいてきているため、努力しようというモチベーションが高まっているのです。

ポイントカードは、皆さんが想像している通り、「あと3ポイントだから、もう一度ここで買い物しよう」「あと200円買えばポイントが増えるから、この商品も追加で買おう」などの購買意欲をかきたてるための、お店側の作戦になります。

この仕組みをきちんと理解しないと、**お得になるはずのポイントカードに翻弄されてしまうことがあるのです**。

この「目標勾配効果」の難しさを示すために、こちらの問題を考えてみましょう。

Question

あなたは職場の近くにある2店舗のラーメン屋さんのうち、どちらに通おうか迷っています。どちらの方がお得でしょうか？

Ａ：１杯８００円でラーメンを提供する店舗Ｘ
　　ポイントカードや割引等はなし

Ｂ：１杯９００円のラーメンを提供する店舗Ｙ
　　ラーメン１杯ごとに１ポイント加算され、10ポイント貯まるとラーメン無料券１枚と交換できるポイントカードあり

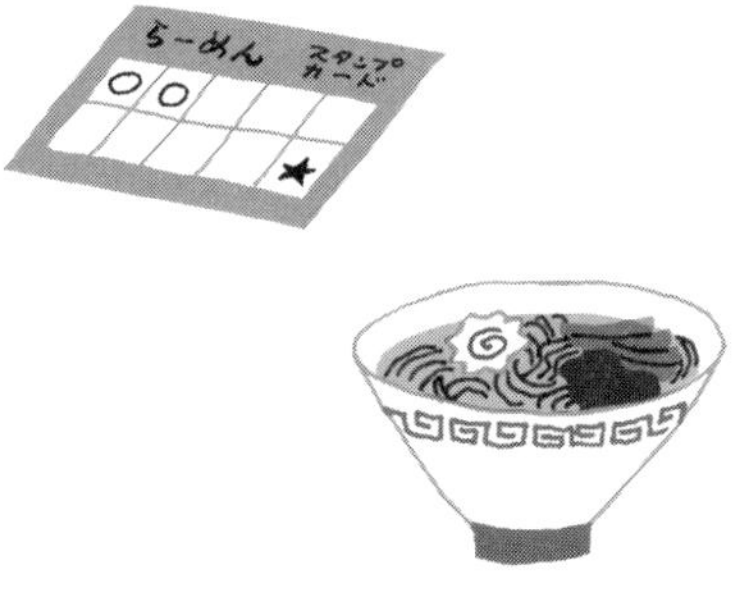

解説

いかがでしょうか。「5秒で答えて！」なんて言われると、正確な判断ができない、という人も多いでしょう。この問題、実は意外と複雑な話をしているのです。

もちろん、ラーメンの魅力を測るものさしは値段だけではないことは分かっていますが、今回は「どちらの方がお得か」という観点で考えているため、値段にフォーカスします。

ここで大事になるのは、選択肢A、Bそれぞれの「1杯あたりの値段」を計算することです。鍛えてきた数値化力が試される場面です。

選択肢Aは、特に計算は必要ありませんね。**1杯あたり８００円**になります。問題は選択肢Bです。

10ポイント貯めるとラーメンが1杯無料になるということは、そこまでに10杯食べる必要があります。ここで10杯分の値段を払うと、「11杯目」が無料で食べられるということになります。よって、**１杯９００円のラーメン10杯分の値段を払って、11杯の**

ラーメンを食べることになるので、１杯あたりの値段は約８１８円と計算できます。つまり、ポイントカードでとてもお得になるようにみえて、実は選択肢Ａの方が１杯あたりの値段は安く抑えられるのです。

この時点で選択肢Ａの方が良いのですが、さらに選択肢Ｂには危険な落とし穴があります。これこそが、目標勾配効果の一番恐ろしいところです。

それはズバリ、**〝10杯目までは全く割引されない〟**ということです。

今回「１杯あたりの値段」を計算する上で、10ポイントは貯められるという前提で考えています。しかし実際は、途中でお店に飽きてしまったり、ポイントカードに有効期限があったりする場合も多く、ポイントカードが必ずしも最後まで貯め切れるとは限らないでしょう。

そのように考えると、最後まで貯めることができても選択肢Ａより若干１杯あたりの値段が高くなる選択肢Ｂは、**あくまで「お得さ」という観点だけで見ると、まったく合理的でない選択**であることが分かりま

●選択肢Ｂのラーメン１杯あたりの値段

(900×10)÷11＝818.1…円

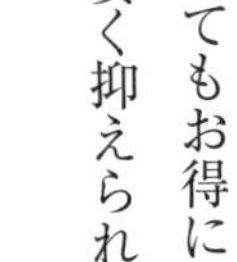

すね。

人間は、目標を達成したいという本能的な欲望があります。それは、自分の将来の夢や仕事、受験勉強などといったスケールの大きなものはもちろんのこと、お店のポイントカードやゲームのログインボーナスなど、些細なことでも同じです。

その思考を逆手にとって宣伝や購買につなげようと考えている人がいるのです。

今回説明した目標勾配効果を知っていると、お得なキャンペーンやポイントカードに惑わされず、自分にとって一番合理的になるようにそれらを使うことができます。

この行動経済学の知見を活かして、おトクに生きていきましょう！

目標勾配効果のしくみ

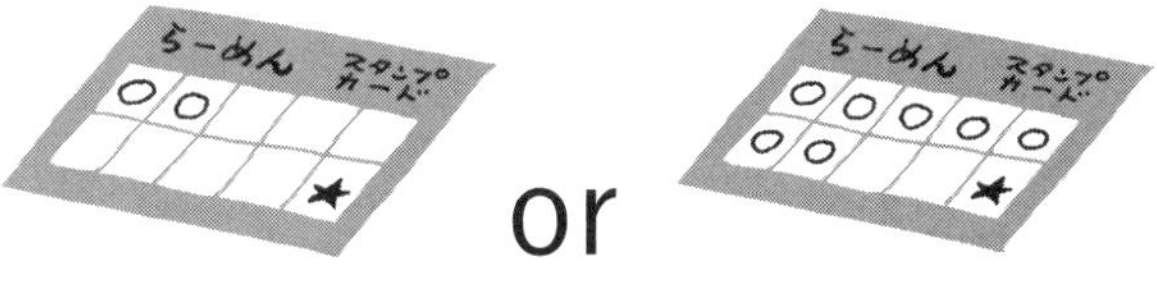

2ポイントしか
貯まっていない場合

あと3ポイントで
目標に達する場合

目標に近づいてくると、
努力や行動を加速させようと思う心理がはたらく

05

1万円を今日もらうか、明日もらうか

【扱う行動経済学の原理】双曲割引効果

最後に扱う行動経済学の原理は、**「双《そう》曲《きょく》割《わり》引《びき》効《こう》果《か》」**です。この効果を説明するために、早速ですがこちらのクエスチョンを考えてみてください。

Question

あなたは1万円を手に入れることになりました。ただし、とある条件がつきます。条件によってはもらえる金額が増えます。次のうち、どちらを選びますか？

A：1年後に1万円をもらうことができる

B：1年と1日後に1万1000円をもらうことができる

この選択肢であれば、おそらく100人中99人、いや100人全ての人が選択肢Bを選ぶと思います。どちらにせよ1年待つのだから、1000円多くもらえる選択肢Bの方を選ぶのは自然な考えでしょう。

では、もう一つクエスチョンを出します。こちらはどうでしょうか？

Question

あなたは1万円を手に入れることになりました。ただし、とある条件がつきます。条件によってはもらえる金額が増えます。次のうち、どちらを選びますか？

A：今すぐ、1万円をもらうことができる

B：明日、1万1000円をもらうことができる

この場合だとどうでしょう？

先ほどの選択肢とは違って、Aの方を選ぶ人も少し出てきたのではないでしょうか。

このクエスチョンはどちらも、

・お金をもらえるタイミングの差：1日間

・もらえるお金の差額：1000円

という**同じ条件の2択**になっています。しかし、渡すタイミングが変わると逆の選択肢を選ぶ人が多くなるのです。

同じ「1日間」という時間でも、遠い将来の1日は短い時間だと感じられるのに、今から明日という1日間は長い時間のように感じてしまうのです。

この「1日」の時間の感じ方が、クエスチョンの結果に反映されています。

つまり、**私たち人間の心は、「今」「今日中に」「すぐに」できることの価値を高く評価し、仮に少しの間待つことによって効果・利益が大きくなるような行動であっても、そのリスクを取ることが困難**なのです。

これを行動経済学の言葉で**「双曲割引効果」**と言います。

この現象はもちろんビジネス、お金の関わる場面でよく用いられますが、その世界だけではありません。

やらなければならない仕事や勉強をなかなか始めることができず、ついついスマホをいじってネットサーフィンをしてしまう、ということもまさに双曲割引的な現象だと言えるでしょう。

なぜなら、やるべきタスクを終わらせるというゴールへの近道は「真っ先にタスクに取り掛かること」しかないのですが、それよりも**目先の楽しさ、つまりだらけてネットを見ることを優先してしまっている**からです。このように考えると、この「双曲割引効果」は我々の日常生活に溢れてい

双曲割引効果のしくみ

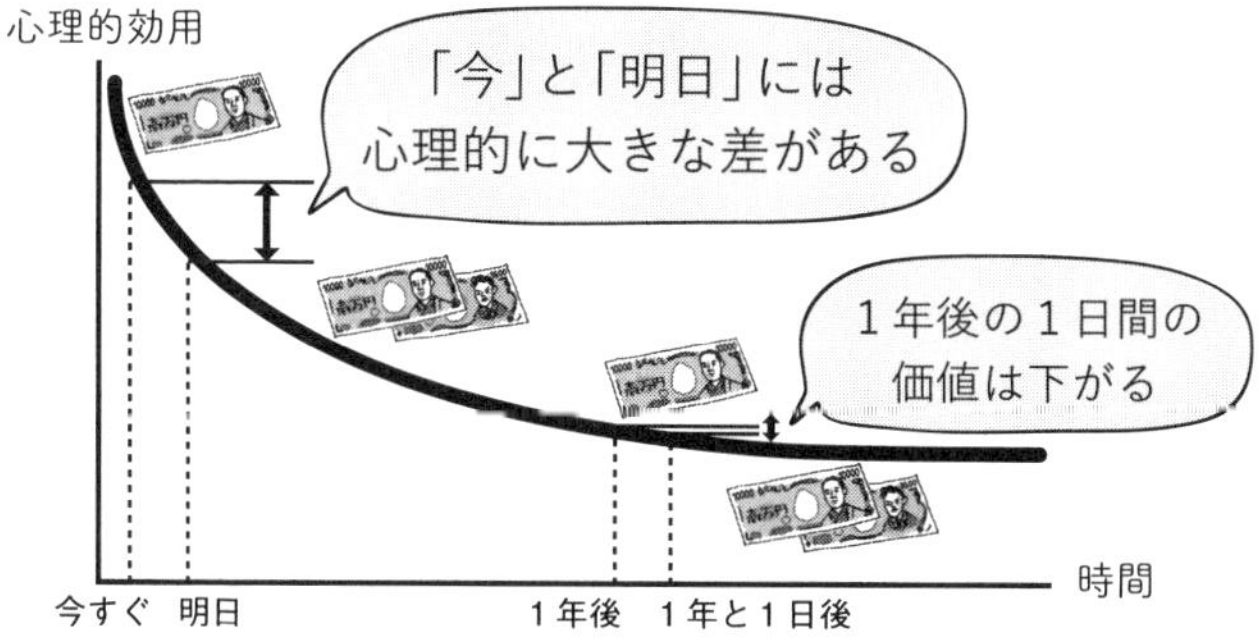

人間は「今」「今日中に」「すぐに」の価値を高く評価する

ます。

この双曲割引効果が強くはたらいていることが、我々日本人が投資や株に弱いことに影響しています。

投資信託や株の売買は、今持っている自分の資金をリスクを抱えながらも預け、そのお金を用いて将来的により大きな資金を得ることを求める行為です。

つまり、まさに**「今の価値よりも未来の価値を優先する」**行動です。

先ほどのクエスチョンで、選択肢Aの「今すぐ1万円をもらう」と答えてしまった人は、長期的な視点で投資や株を行うことができない可能性が高いため、行わない方が良いという結論になるのです。

近年では、2024年初めからNISAの制度が新しくなり国が推奨するなど、投資信託や株を日本国内に広める動きが進んでいます。

この波に乗るかどうかは、いかに双曲割引効果の影響を受けずに長期的に資金の数値化が行えるか、という観点で判断してみると良いかもしれません。

第5章のまとめ

この章では、「計算で測れない人間の心理」ということで、さまざまな行動経済学の原理、考え方、効果を引用しながら、単純計算による数値化と、そこでは表しきれない人間の行動のデータの両軸で物事を考えていきました。

クエスチョンを分解して、数値を洗い出して考えるという点は第2章や第4章と似ていた部分はありましたが、行動経済学の理論が加わってより応用的な問題になっていたと思います。これぞ、**日常生活やビジネスに応用できる数値化の真髄**と言えるでしょう。

この章まで読み進めた皆さんは、世の中に蔓延《はびこ》るいろいろな事情、問題に影響されずに、必要な数値だけを抽出して数値化を行う能力が培われていると思います。ぜひその力を活かして、物事を合理的に判断していきましょう!

おわりに

本書を最後まで読んでくださった皆さん、本当にありがとうございました。
僕自身の単著はこれで3冊目となるのですが、これまで出版させていただいた本がフレームワーク本と学習参考書になるため、こうやって「あとがき」を書くのは初めてで変な緊張をしております。
何を書こうかと悩んでいましたが、本の校正をしながら制作当初の原稿を見直していたところとても興味深いメモが出てきたので、そこから今回は、なぜ僕がこの本を書くに至ったのかの話をしようと思います。

僕が本書を書いたきっかけは、オフィスでの些細な会話でした。

「柔軟剤の詰め替え商品に通常サイズと特大サイズがあるんだけど、通常サイズは300mLで440円なのに対して、特大サイズは800mLで1150円。100mL

あたりにすると3円くらいしか変わらないから、そんなにお得じゃないのにみんな特大サイズを買うよね」

「いや、そんな細かく計算してんの永田だけだぞ」

「え、そうなの？」


これはあくまで一例ですが、このような会話が相次ぎ、僕は気づいたのです。

僕が無意識のうちにやっている数値化は、あまりみんなが行わないことだ、と。


僕は昔から、「数字」が大好きでした。学校の授業で勉強する教科としての「算数・数学」はもちろんのこと、それ以外の日常生活でも常に数字を追いかけていました。

そんな僕は、世の中にある色々なものを「数値化」して自分の判断基準にしていました。スーパーで商品を選ぶ時も、目的地まで電車で向かう時も。

家族で回転寿司を食べに行って、その皿の枚数や他に頼んだものの値段を確認して、レジでお会計をする前にその値段を1円単位まで計算する、なんてゲームもやっていたほどでした。

変だなあ、と思う人も多いかもしれませんが、確かにそれによって「数値化」の能力は身についたのです。

この数値化の能力を、もっと細かく言語化して、より多くの人に伝えることができたらいいなと僕は考えました。そして、この本を執筆するに至ったのです。

この本を読んでいる皆さんの中にも、「自分の中ではあまり意識せずにやっているけど、実はみんながあまりやらない複雑なこと」が少なからずあるはずです。人の得意なことはみんな違うのですから。

そんな皆さんそれぞれの長所を徹底的に言語化して、周りの人に伝えたり、それこそ出版してより多くの人に届けたりしてくだされば嬉しいなと思っています。

最後に。この「数値化」の能力は、皆さんが想像している以上に幅広い場所で活躍します。

数字で物事を測ることへの良し悪しは日々議論されていますが、評価の指標の一つとなることは紛れもない事実です。数字をいかに扱えるかで、世の中の見え方は大きく変わります。

今回、この「数値化の強化書」を読んでくださった皆さんが、本書のtipsを学校で、仕事で、家庭で、少しでも活かしていただけると嬉しいです。

それではまた、次回の本でお会いしましょう！

２０２４年４月　著者

【著者略歴】

永田耕作（ながた・こうさく）

現役東大生。2001 年生まれ。

公立高校から学習塾に入らずに東大へ現役合格。中学・高校は野球部に所属し、部活動と勉強を並行し「練習で自分の苦手を潰して、試合で自分の力を最大限に発揮する準備をする」という努力の「型」を勉強にも活かして受験勉強を乗り切る。

現在は株式会社カルペ・ディエム (https://carpe-di-em.jp/) で教育事業部に所属し、全国の学校や自治体で累計 100 回以上の講演会を実施しながら、まとめた知見を記事や書籍などで紹介している。

2024 年 1 月より、東洋経済オンラインにて『東大式「新・教養としての数学」』を連載中。

著書に『東大生の考え型　「まとまらない考え」に道筋が見える』（日本能率協会マネジメントセンター、2022 年）、『こーさく先生と学ぶ 中学数学のきほん 60 レッスン』（文英堂、2023 年）などがある。

【本文イラスト】大塚砂織

【章扉背景】starline ／出典：Freepik

東大式　数値化の強化書

2024 年 5 月 21 日　第 1 刷

著者　　永田耕作

発行人　山田有司

発行所　〒 170-0005
株式会社彩図社
東京都豊島区南大塚 3-24-4 MT ビル
TEL:03-5985-8213　FAX:03-5985-8224

印刷所　シナノ印刷株式会社

URL https://www.saiz.co.jp　https://twitter.com/saiz_sha

ISBN978-4-8013-0718-6 C0033